Elogios para Muy be

¿Estás lidiando con expectativas pistola-con-descarga-eléctrica? *Muy bendecida para estar estresada* es una lectura divertida que se desborda en consejos y perspectivas prácticas. ¡Perfectamente deliciosa para vivir felices para siempre!

Rhonda Rhea, www.RhondaRhea.org
Autora del éxito en ventas *Whatsoever Things Are Lovely*

El nuevo libro de Deb, *Muy bendecida para estar estresada* te hará reír a carcajadas hasta el punto que te preguntarás por qué estabas tan estresada. El enfoque de vida divertido que tiene Debbie, su excelente uso de las palabras y su afinada destreza para traer al lector a su alocado mundo vale cuatro veces el precio de este libro. Se dice que no puedes comprar la felicidad, pero te aseguro que sí puedes comprar un par de cientos de páginas de risas, ¡y las tienes justo en las manos!

Martha Bolton
Escritora nominada al Premio Emmy y autora de más de ochenta libros, entre ellos
Didn't My Skin Used to Fit? y *The Whole World's Changing and I'm Too Hot to Care*

Muy bendecida para estar estresada, la encantadora colección de chispa y humor de Debora Coty, está escrita en el estilo distintivo y humorístico de Coty para tratar con los estreses de nuestra vida diaria. Una lectura inspiradora que te deja riendo, llorando y realmente bendecida.

Ruth Carmichael Ellinger
Autora galardonada por la Serie Wildrose Inspirational

Deb Coty tiene una manera especial de atraerte y hacerte sentir como si estuvieras intercambiando historias con tu mejor amiga. Ella es una escritora talentosa que entiende lo que es ser mujer, en todo su dolor y gloria. *Muy bendecida para estar estresada* invita a las lectoras a abrazar la gracia de Dios mientras le hacen frente a la vida y sus aprietos.

Suzanne Woods Fisher
Autora de los éxitos de venta *The Choice* y *Amish Peace: Simple Wisdom for a Complicated World*

© 2013 por Casa Promesa
ISBN 978-1-62416-719-5

Ediciones eBook:
Edición Adobe Digital (.epub) 978-1-62836-377-7
Edición Kindle y MobiPocket (.prc) 978-1-62836-378-4

Título en inglés: Too Blessed to Be Stressed
© 2011 By Debora M. Coty
Publicado por Barbour Publishing, Inc.

Todos los derechos reservados. Ninguna porción de este libro podrá ser reproducida en cualquier forma o por cualquier medio, excepto por citas breves en revistas impresas, sin la autorización previa por escrito de la editorial.

Iglesias y otras entidades sin intereses comerciales pueden reproducir porciones de este libro sin el consentimiento escrito de Barbour Publishing siempre y cuando el texto no exceda las 500 palabras o el cinco por ciento del total del libro, lo que sea menor, ni que el texto sea material citado de otra publicación. Cuando se utilice texto de este libro, favor incluir el siguiente crédito: «Tomado de *Muy bendecida para estar estresada: Inspiración para salir del charco de estrés de la vida,* publicado por Casa Promesa. Usado con permiso».

Citas bíblicas marcadas «RVR1960» son de la versión Reina-Valera © 1960 Sociedades Bíblicas en América Latina; © renovado 1988 Sociedades Bíblicas Unidas. Usadas con permiso. Reina-Valera 1960™ es una marca registrada de la American Bible Society, y puede ser usada solamente bajo licencia.

Citas bíblicas marcadas «NVI» son de La Santa Biblia, Nueva Versión Internacional® NVI®
© 1999 por la Sociedad Bíblica Internacional. Usada con permiso.

Citas bíblicas marcadas «NTV» son de La Santa Biblia, Nueva Traducción Viviente, © Tyndale House Foundation, 2010. Todos los derechos reservados. Usada con permiso.

Citas bíblicas marcadas «TLA» son de la versión Traducción en lenguaje actual © Sociedades Bíblicas Unidas, 2000. Usada con permiso.

Citas bíblicas marcada «DHH» son de Dios habla hoy ®, © Sociedades Bíblicas Unidas, 1966, 1970, 1979, 1983, 1996. Usada con permiso.

Desarrollo editorial: Semantics, Inc. P.O. Box 290186, Nashville, TN 37229.
semantics01@comcast.net

Publicado por Casa Promesa., P.O. Box 719, Uhrichsville, Ohio 44683, www.barbourbooks.com

Nuestra misión es la publicación y distribución de productos inspiradores con un valor excepcional y que ofrezcan aliento bíblico a las multitudes.

Member of the
Evangelical Christian
Publishers Association

Impreso en Estados Unidos de América.

Muy Bendecida para estar Estresada

DEBORA M. COTY

inspiración para la vida
CASA PROMESA
Una división de Barbour Publishing, Inc.

INSPIRACIÓN PARA SALIR DEL CHARCO
DE ESTRÉS DE LA VIDA

Dedicación

A las mujeres santas en mi vida que me han enseñado, con su ejemplo, a lidiar con el estrés: mi mamá, Adele Rogers Mitchell; mi hermana, Cindy Hardee; y mi hija, Christina Ruth, mi tocaya y mejor amiga, y que me recuerda diariamente que mis bendiciones sobrepasan por mucho a mis estreses.

Contenido

Sección 3: Cultiva relaciones

Sección 4: Enfoque en la fe

Introducción

Bueno amiga, ¿sientes palpitaciones en tu sien y tu presión sanguínea se está disparando y derritiendo tus aretes? ¿Crees que *histeria* es una palabra muy dócil para la ansiedad que te provoca arrancarte los pelos, mantiene a tu corazón en vilo y a tu humor encarcelado por miedos que te chupan la alegría?

Bienvenida a la hermandad ligeramente agotada que comparte tu angustia con el estrés. Con los estilos de vida ajetreados que vivimos en estos tiempos impredecibles, parece que simplemente no podemos evitar preocuparnos sobre finanzas asfixiantes, horarios imposibles, asuntos de salud inestables u otra infinidad de factores que nos roban la paz.

Mi propósito al escribir *Muy bendecida para estar estresada* es ayudarte a rejuvenecer tu corazón desesperado descubriendo maneras prácticas y fáciles de implementar para alcanzar la paz que todas anhelamos. Esa paz maravillosa y poderosa que nos permite realmente *sentirnos* bendecidas en medio del delirio de la lucha.

Juntas, aprendamos técnicas creativas para manejar y calmar nuestros corazones preocupados, comiendo bocaditos pequeños y digeribles del Pan de Vida. ¡Y tal vez un buen trozo de chocolate Godiva también!

Sobre todo, quiero que recuerdes cómo reír. Y hablo de una risa genuina, auténtica, real, de esa que te nace en las entrañas. Del tipo que actúa como catalizador para liberar la alegría del Señor en tu alma y colorear tu futuro con la esperanza de un mejor mañana.

«Gran remedio es el corazón alegre, pero el ánimo decaído seca los huesos» (Proverbios 17.22 NVI). ¿Lo ves? ¡Así que abre la boca bien grande y tomemos nuestra medicina!

Con cariño,
Deb

Sección 1:
Manejo del tiempo

LA PRESIÓN CREA TANTO
DIAMANTES COMO VOLCANES

*El buen juicio viene de
las malas experiencias,
y muchas de ellas son el
resultado del mal juicio.*
AUTOR DESCONOCIDO

Súper Mujer salió del edificio
(CONSCIENTES DE NUESTRA SALUD)

—Yo mismo te acompañaré y te haré descansar —dijo el Señor.

ÉXODO 33:14 DHH

Relájate un momento y contesta —marcando cierto o falso— esta reveladora *Prueba de Estrés para Mujeres*:

1. Estoy de mal humor frecuentemente y no sé por qué. __C __F

2. Me encantaba cocinar, pero ahora es simplemente una tarea necesaria. __C __F

3. Siento que nadie aprecia todas las tareas que hago. __C __F

4. Me avergüenza que me sorprendan descansando o siendo «improductiva». __C __F

5. El volumen de mi voz aumenta para *¡probar mi punto de vista!* __C __F

6. Siento que vivo en mi auto. __C __F

7. No recuerdo cuando fue la última vez que me reí hasta que me salieron lágrimas. __C __F

8. Un día «libre» es agotador porque *tengo* que hacer todas mis tareas de la casa. __C __F

9. Tiendo a comer cuando me siento tensa o abrumada. __C __F

10. Siento que estoy constantemente a la defensiva. __C __F

11. Con frecuencia sufro de dolores inexplicables de cabeza o de estómago. __C __F

12. Mi lista de quehaceres tiene notas al calce. __C __F

Ahora, cuenta las respuestas que marcaste «cierto» y verifica los resultados:

4–6: ¡Alerta Amarilla! Corres el riesgo de llegar a estar estresada.

7–9: ¡Alerta Naranja! Abre los ojos, amiga, estás en un nivel de estrés tóxico.

10–12: ¡¡¡Alerta Roja!!! Eres un *Enredo de Estrés* certificado y ¡necesitas ayuda inmediata!

¿Sorprendida? Cuando yo lo tomé, ciertamente me sorprendí.

Pero, si estamos sintonizadas con nosotras mismas, no debería sorprendernos. Los síntomas de una sobrecarga de estrés no aparecen de la noche a la mañana. Cuando nuestras computadoras comienzan a congelarse, reconocemos que es tiempo de apagarlas y reiniciarlas. Cuando se enciende la luz de advertencia en el tablero del auto, no se nos ocurriría ignorarla. Cuando la aguja de la balanza en el baño comienza a girar como un ventilador, sabemos que llegó el momento de parar los pasteles de chocolate.

Si ignoramos las señales, eventualmente el estrés causará estragos en nuestros cuerpos.

Nosotras las mujeres tendemos a internalizar el estrés. Tomamos la confrontación y la discordia sutil de forma muy personal. Las palabras caldeadas y hasta los desacuerdos leves con frecuencia se cuelan en nuestras entrañas, y depositan allí una sensación de intranquilidad y ansiedad. Y cuando no podemos encontrar una válvula de escape para nuestra frustración enjaulada, a veces recurrimos a una conducta autodestructiva. Comemos demasiado. Fumamos. Bebemos. Abusamos de nuestros cuerpos. Y hasta podemos aislarnos de los demás.

Nos engañamos solo a nosotras mismas si pensamos que nuestros seres queridos no notan las señales externas de nuestra angustia: quejarnos por todo, molestarnos por cualquier cosa y estar agotadas. Les llamo el Gran Trío. Tal vez no nos damos cuenta lo sumergidas que estamos en la alberca del estrés hasta que alguna de las personas importantes en nuestras vidas nos lo señala, y regularmente lo hacen usando evidencia del Gran Trío: quejas internas, molestia interna y fatiga crónica.

Supe que tenía que tratar con mis problemas de estrés cuando mis gruñidos comenzaron a oírse más que los del perro y mi familia propuso, con mucho tacto, que me vacunara contra la rabia.

Pero escucha esto, es lo que no vemos, los síntomas de estrés debajo de la superficie, lo que más asusta. La cortisona, una hormona que secreta nuestro cuerpo cuando estamos bajo estrés, contribuye a los sentimientos de impotencia y desesperación sin control. Los estudios confirman que, con el tiempo, el estrés aumenta la presión sanguínea, contribuye a padecer migrañas y dolores de cabeza por tensión, y esto resulta en placa que conduce a enfermedades en la arteria coronaria y el corazón. Se ha descubierto que el estrés crónico aumenta el riesgo cardiovascular ¡hasta un cincuenta por ciento! Sin mencionar el vínculo con las úlceras, el asma, el insomnio, los derrames, el cáncer, la obesidad, la depresión, los ataques de ansiedad, los resfriados, la influenza y el alcoholismo.

¿Y esos ataques de llanto cuando te sientes agotada? No son coincidencia. El estrés reduce la producción de estrógeno y esto puede provocar arranques emocionales. Sin nuestras hormonas, somos volcanes burbujeando, esperando para hacer erupción.

¿Te estoy describiendo? Si es así, déjame hablarte como tu nueva BFF (mejor amiga para siempre, por sus siglas en inglés): Cariño, ponte tu panti de niña grande y enfrenta los hechos. *No* eres Súper Mujer con nervios de acero. Ni agallas tampoco. El estrés es kryptonita, y quiere arrancarte la capa y reducirte a una pila de melaza temblorosa e ineficaz.

Ok. Esas son las malas noticias. ¿Qué tal si te doy algunas buenas?

Respira profundo. Cierra tus ojos. Exhala lentamente. Ahí. Acabas de dar el primer paso para reducir el estrés. Existen muchas técnicas sencillas y efectivas para estimular la resistencia de nuestro cuerpo al estrés:

+ Añade tu nombre a tu lista diaria de quehaceres. Programa quince minutos, dos veces al día, para revitalizarte, reagruparte y regenerarte. Aléjate de la fuente de estrés, aunque esto signifique simplemente salir afuera durante algunos minutos (yo salgo a caminar alrededor del estacionamiento en el trabajo o me mezo en una hamaca en el patio de mi casa). Ventila tu cerebro. Canta mientras escuchas tu CD preferido. Lee una novela o una revista inspiradora. Lo que sea que te haga relajarte. Y no aceptes un no como respuesta cuando otras actividades intenten sacarte a *ti* de la lista. ¡Tú eres importante!

+ Toma recesos para reírte. ¡Alégrate, mi hermana! ¡«El gozo del Señor es nuestra fortaleza» (Nehemías 8.10 NVI)! Algunos dicen que los cristianos tienen que ser serios, formales y callados como una tumba, pero yo digo que Jesús *salió* de la tumba y esa es la mejor razón en el mundo para celebrar.

+ Relaja tus músculos anudados con cinco minutos al día de «aniquiladores» de estrés. Deja de pensar. ¡Vamos a lo físico! Estírate, dóblate, rota esos hombros tensos (más ejercicios de estiramiento y relajamiento en el capítulo 29), persigue al perro —que comience a fluir esa sangre vigorizante por los tejidos de tu cuerpo, mientras tu mente agotada se toma una receso. Sube el volumen de la música de adoración mientras haces los quehaceres de la casa: baila mientras pasas la aspiradora, mientras cocinas. Menea el esqueleto mientras paseas con tu carrito por el pasillo de productos congelados en el supermercado. El movimiento provoca que el cerebro secrete beta endorfinas, lo que ayuda a calmarte y a des-estresarte. ¡Y te aseguro que vas a necesitarlo cuando llegues a la caja registradora!

+ Sumerge tu fatiga. Trata un jacuzzi, si está disponible, un baño de espumas que te llegue a la quijada, métete en un manantial frío, flota en una alberca relajante; o hasta quedarte bajo la ducha un buen rato, lejos del mundo, puede ayudarte a deshacerte del agotamiento y rejuvenecer los tejidos jadeantes de tu cuerpo (incluyendo las células cerebrales). *Siente* el momento y enfócate en la refrescante sensación del agua sobre tu piel; permite que se convierta en buen humor para tu espíritu.

+ Redundancia repetitiva. No, no es el nombre de un nuevo grupo de rock. Es lo que debes hacer para calmar un poco tu desesperación interior: tejer, bordar, tocar escalas musicales en el piano, mecerte en un sillón mientras escuchas sonidos relajantes como el cantar de los pájaros o una fuente de agua (compra una que puedas poner en tu terraza o balcón —me *encanta* la mía, excepto por el detalle de que escuchar toda esa agua corriendo me hace correr al baño). Necesitas una tarea manual apacible y repetitiva que no requiera mucho esfuerzo cerebral. Cortar leña para la chimenea no cuenta.

+ ¡Pide ayuda! Delega tareas y responsabilidades. Contrata ayuda, si puedes pagarla. Si no, entonces suplica. Tengo una amiga maravillosa y con asombroso talento para la organización que viene una vez al mes para evitar que mi casa se convierta en un depósito nuclear de basura (¡te adoro, Teresa!). El resto del tiempo las tareas se dividen entre los miembros de la familia. Si todos hacen su parte, nadie termina exhausto.

+ Olvídate de la perfección. No hay nadie perfecto excepto Jesús y tú no eres Él. Deja pasar algunas cosas. Mañana, olvídate de otras pocas. Con el tiempo, esas tareas van a dejar de molestarte y literalmente sentirás que las rocas del estrés en tu estómago se hacen polvo.

Así que cuando esas señales de estrés comiencen a manifestarse y la capa roja amenace con salir de nuestro leotardo azul... digo, de nuestros *jeans*, hagámonos un favor y recordémonos unas a otras que no tenemos que perpetuar el mito de la Súper Mujer. Ella salió del edificio y ¡perdió la llave!

La mitad de nuestra vida la pasamos tratando de
encontrar algo que hacer con el tiempo que nos
hemos pasado la vida entera tratando de ahorrar.

WILL ROGERS

DES-ESTRESÉMONOS

1. ¿Cuáles preguntas en la Prueba de Estrés fueron tus «cierto» más contundentes?

2. ¿Le demuestras alguna vez a tu familia el Gran Trío? ¿Cuándo? ¿Por qué?

3. Ahora bien, ¿qué puedes hacer para resolverlo? ¿Cuál técnica para combatir el estrés vas a implementar y de qué manera específica? (No tienes que limitarte a mis sugerencias. Puedes ajustar creativamente una técnica a tu situación particular.)

Martha en esteroides

(ESTABLECIENDO PRIORIDADES)

*Pero asegúrense de que todo se haga
de forma apropiada y con orden.*

1 CORINTIOS 14.40 NTV

¿Te gusta archivar o amontonar? ¿Archivas todo en el lugar apropiado y organizas tu casa al estilo encantador de Martha Stewart? ¿O tienes montoncitos por dondequiera, como altares al dios del desorden, que eventualmente se convierten en Stonehenge tambaleantes, que amenazan con provocar una avalancha y enterrar tu sala?

Yo tiendo a ser un poco de las dos. Rara vez vas a encontrar migajas de pan al lado de mi tostadora; simplemente no mires debajo. Un par de motas de polvo pueden bailar en el comedor, pero un equipo completo de ellas juega hockey con las cucarachas debajo de las camas. Por lo general, no vas a encontrar pelos del gato paseándose por el pasillo; pero no te sientes en el sofá, con pantalones negros. Algunas esquinas sucias pueden adornar la bañera, pero no me doy por enterada. Después de todo, para eso inventaron las cortinas de baño, ¿cierto?

Los quehaceres domésticos son algo que nadie nota hasta que tú los ignoras. Entonces *todo el mundo* se convierte en tu mamá: ¿Vives en un establo? ¡No recuerdo haber visto una nevada bajo techo! Ya no me acuerdo... ¿de qué color es tu alfombra?

Listo. Yo no soy Martha Stewart. Ni siquiera soy la Marta de la Biblia que se la pasó limpiando, cocinando y organizando mientras el Hijo de Dios estaba de visita (ver Lucas 10.38–42). ¿No es esto algo bueno? ¿Acaso Jesús no amonestó a Marta por su preocupación por *hacer* en lugar de *ser*?

Soy ordenada, pero no inmaculada. Organizada, pero no obsesiva. Lo suficientemente limpia para conservar la salud, lo suficientemente sucia para conservar la felicidad. Y no soy la única.

«Suficientemente limpia» parece ser el nuevo mantra que está barriendo nuestro bullicioso y ocupado país, mientras las mujeres cada vez tienen menos tiempo para realizar los quehaceres domésticos que alguna vez fueron sagrados. Entiendo que en 1965 se usaban en promedio 26.5 horas a la semana en la limpieza de la casa, comparado con 17 horas hoy día. Esto último equivale más o menos a dos horas y un tercio cada día.

En la matemática Coty (entiéndase: no reproducible), eso significa que estamos recogiendo algo ¡cada doce minutos!

Hace cuatro décadas las que restregaban, por supuesto, eran mayormente las mujeres, y la mayoría de ellas no trabajaba fuera de la casa y consideraba que su terraza inmaculada era un reflejo de su valía personal. Agraciadamente, los hombres hacen un poco más estos días. El «Concilio de familias contemporáneas» informa que la contribución masculina a los quehaceres domésticos se ha duplicado en los pasados cincuenta años, y la ayuda en el cuidado de los hijos se ha triplicado.

No puedo quejarme en esto. El Buen Dios me bendijo con un esposo 50-50. Y bueno, desde que la redacción comenzó a devorar mi tiempo libre, su porción ha aumentando como a un setenta y cinco por ciento. ¡Ah! Y yo no soy vanidosa. Admito que él restriega mucho mejor que yo. Soy más del tipo pasa-el-trapo-y-sigue, pero él va hasta el más minúsculo detalle, y desde que tomó la batuta, el fondo de mis ollas puede usarse como reflectores de la NASA. Nuestra alfombra con lunares oscuros resultó ser color crema. Y realmente puedes ver un rostro detrás de todas las salpicadas de pasta de dientes en el espejo del baño.

Ya ni siquiera me refiero al fregadero como «la Tierra prometida». En un viaje a Israel aprendimos que la excavación de capas de basura dejada atrás por previas civilizaciones revela aspectos históricos muy interesantes. Entonces quiere decir que puedo hacer lo mismo con las capas de comida que adornan mi fregadero. ¿Quieres saber cuántas papas pelé para la cena de Pascua en el 2006?

Eh, esto no es culpa mía. ¿Quién puede soportar la fuerza implacable de la Degeneración Espontánea, uno de los peores factores estresantes de la vida doméstica? ¿Nunca has oído de esta infame, casi-verídica ciencia Coty? Me tomó años de cuidadosa observación y estudio para descubrir la razón por la que mi casa luce como luce. Permíteme aclarártelo.

La teoría de la Degeneración Espontánea establece que cuando se deja en un estado de limpieza inusual, la materia se atrofia espontáneamente hasta convertirse en un caos indiscriminado.

Tú, también, has sido testigo de los estragos de la Degeneración Espontánea: una hora después de haber terminado triunfalmente la esclavitud de limpiar la casa, el moho comienza a manchar los grifos relucientes, el limo verde se infiltra en el envase donde guardas los vegetales, pequeños cabellos suben sigilosamente por el drenaje y se pegan permanentemente en el lavamanos y las motas de polvo se citan a una reunión en el clóset.

Un polvo negro brota como lava de la alfombra, piezas de vestimenta aparecen mágicamente sobre cada pieza de mueble, unos pantis sucios se asoman detrás del cesto de la ropa sucia, justo a tiempo para que el perro se los regale orgullosamente a los invitados a cenar. Y el mayor misterio de todos, parejas de medias mojadas entran inocentemente a la secadora y se convierten trágicamente en viudas, pues sus parejas son transportadas mágicamente a un universo paralelo donde la gente salta de un lado para otro en una sola pierna.

Los quehaceres domésticos son una perpetua lección sobre inutilidad. Limpiar una casa ocupada es como peinarte en un huracán.

De la forma en que lo veo, realmente estoy siendo muy considerada al ignorar mi mapo y el trapo del polvo. Estoy eliminándoles a mis amigas la tentación pecaminosa de compararse conmigo y no dar la talla. De hecho, he aprendido a apreciar mi decoración con polvo y, a veces, hasta dejo algún lindo mensaje, como «No Comas Aquí», escrito con mis dedos en la mesita de la sala.

Trato de mantener todo limpio, pero a veces me sale el tiro por la culata. Como la mujer en el sur de la Florida que se topó accidentalmente con un cocodrilo en su auto. En serio. La dama, muy obedientemente, había limpiado la carretera, pero se estrelló contra otro auto estacionado cuando el cocodrilo —que se estaba haciendo el muerto— comenzó a destrozar todo en el asiento trasero de su auto. A la pobre señora la acusaron de un delito mayor: posesión de un cocodrilo. (Aquí en el sur no podemos contar votos, ¡pero sí estamos en el tope por reptiles ilegales!)

Entonces, cuando nos sintamos tentadas a renunciar a nuestros momentos devocionales, tiempo en familia o caminatas para orar por limpiar la lechada de las lozas con el cepillo de dientes, desinfectar los inodoros o restregar los zócalos como Martha en esteroides, recordemos las palabras de Jesús a su hermana espiritual: «Marta, Marta, afanada y turbada estás con muchas cosas» (Lucas 10.41).

Solo una cosa tiene importancia eterna: Papá Dios. Y Él creó el polvo.

Mi segundo quehacer doméstico favorito es planchar. El primero es golpear mi cabeza contra la cama de arriba de una litera hasta desmayarme.

ERMA BOMBECK

DES-ESTRESÉMONOS

1. Separa un rato y lee la historia de Marta y María en Lucas 10.38–42. ¿Con cuál de las hermanas te identificas más? ¿Por qué?

2. ¿Cómo crees que se diferencian los niveles de estrés para una Marta, que se apura para limpiar y cocinar a la perfección, y una María, que separa tiempo para sentarse a los pies de Jesús y sumergirse en Su presencia?

3. Organiza las siguientes prioridades según la importancia que tengan para ti: tiempo para «mí», familia, fe, trabajo, alcanzar el éxito, apariencia, relaciones, agendas y horarios. ¿En cuáles tres inviertes la mayor parte del tiempo? ¿Cuáles tienen valor eterno? ¿Sientes la necesidad de hacer algún cambio en tus prioridades?

¿Puedo escucharme ahora?
(MONÓLOGO INTERIOR)

*Permitir que la naturaleza pecaminosa
les controle la mente lleva a la muerte.
Pero permitir que el Espíritu les controle
la mente lleva a la vida y a la paz.*

ROMANOS 8.6 NTV

«Simplemente *no puedo* aprender este nuevo sistema».

«¡Eso es imposible!».

«No hay forma posible en que me pueda llevar bien con ella».

¿Has dicho alguna vez cosas como estas cuando te sientes frustrada? Si te pareces a mí, son expresiones típicas en un día cualquiera. A veces en una misma hora. Sin embargo, ¿qué impacto tiene realmente este tipo de monólogo interior cuando hacemos declaraciones tan aplastantes y absolutas?

Mi entrenador de tenis, Pete, solía detenerse en seco en medio de una jugada cuando sentía que mi actitud negativa comenzaba a asomar su feo rostro. Probablemente era mi manera de gritar o la forma en que restrellaba mi raqueta en la malla lo que le daba la señal.

«¡No puedo hacer ese tiro!». Le decía rabiosa y entre dientes después de que por décima vez la bola terminaba en la malla. «¡Olvídalo! No. Soy. Capaz. De. Hacerlo. No voy a seguir perdiendo mi tiempo en algo que *nunca* va a pasar».

Pete, en su manera tranquila y sin crítica, se encogía de hombros, volteaba sus manos hacia arriba y me decía: «Debbie, ¿qué te estás diciendo a ti misma?».

«Simplemente los hechos», le contestaba, negándome tercamente a reconocer su punto.

«Ah, pero los hechos cambian. Si te dices a ti misma «no puedo», entonces es un hecho que no lo harás. Nunca. Pero si te dices, "no lo he hecho todavía, pero con algunos pequeños ajustes, lo voy a hacer", esto se convierte en un hecho con más peso que reemplaza el primero».

Él tenía razón, por supuesto, y la prueba fue el infame *drop shot* que eventualmente perfeccioné luego de unos cuatro mil intentos adicionales.

El monólogo interior positivo no solo es crucial en los deportes; es una *enorme* pieza en el manejo diario del estrés. Cuando nos decimos algo una y otra vez, eventualmente lo creemos y se convierte en parte de nuestro carácter, nuestra autoestima, nuestra motivación para el desempeño... para bien o para mal. En esencia, nosotras escogemos nuestra actitud y esa actitud dicta nuestro nivel de estrés.

«Ok, ese primer soufflé se desinfló, pero igual le pasó a Julia Child. Voy a hacer algunos ajustes y el primero va a ser toda una obra de arte culinaria». Cuando escogemos una actitud optimista, nuestra perspectiva se vuelve mucho más optimista y, en consecuencia, produce menos estrés.

El problema es que con frecuencia no reconocemos que estamos entablando ese monólogo interior negativo. El negativismo crea hábito. Desarrollamos inconscientemente una opinión comprometida de nosotras mismas cuando pensamos constantemente cosas como: «Soy una perdedora», «Esto es demasiado difícil» o «¿Para qué intentarlo?».

La «Oda a Eeyore» se convierte en la música de nuestros pensamientos subconscientes. Esos pensamientos de burro triste que se desprecia a sí mismo nos gastan y nos agotan, y ni siquiera nos damos cuenta de la fuente de erosión. En realidad, nos estamos saboteando. Nos conformamos con la derrota, cuando con unos ajustes de actitud sencillos, podemos abrir la puerta a posibilidades extraordinarias.

El pesimismo nos afecta tanto física, mental, como emocionalmente. El negativismo tiene una correlación directa con enfermedades del corazón, deficiencias en el sistema inmunológico y nuestra capacidad para lidiar con el dolor físico. Un estudio de treinta años, conducido por la Clínica Mayo en 800 pacientes, reveló que los pesimistas tienen un diecinueve por ciento más probabilidades de morir jóvenes que los optimistas. El doctor Martin Seligman de la Universidad de Pennsylvania concluye: «El optimismo y el pesimismo afectan la salud casi tan claramente como los factores físicos».

La peor parte de esos monólogos interiores negativos es que no solo nos limitan a nosotras, sino que estamos limitando a nuestro Dios. El Creador del Universo. Aquel que está listo para llenarnos de expectativa, esperanza y potencial, y quiere que mejor nos digamos: «Pues *todo* lo puedo hacer por medio de Cristo, quien me da las fuerzas» (Filipenses 4.13 NTV, énfasis añadido).

Entonces, ¿está el vaso medio vacío o solo tiene la mitad de las calorías? ¿Cómo podemos reiniciarnos con una perspectiva fresca y, en el proceso, reducir significativamente la tensión y el agotamiento que producen esos monólogos interiores negativos?

+ Corta y pega. Tenemos que entrenarnos para reconocer esa conversación interna negativa justo en el minuto en que comienza y borrarla inmediatamente. Sacude tu Etch-A-Sketch mental. Saca la sierra motorizada para cortar las actitudes. A mí me ayuda hacer una señal de «tiempo» con mis manos como una marca física. Pero no pares ahí. Reemplaza esos pensamientos negativos con un giro positivo. Transpongamos el monólogo interior negativo al principio de este capítulo como un ejemplo:
  «¿Qué puedo hacer para aprender este nuevo sistema?».
  «¿Cómo puedo dividir esta tarea gigantesca en pasos pequeños y alcanzables?».
  «Aprendí a llevarme bien con mi suegra. Puedo aprender a llevarme bien con cualquiera».
+ Ajusta tu tono. ¿Te acuerdas cuando el doctor te dice: «Tal vez esto te duela un poco» mientras te entierra una aguja en el brazo? Toma

prestada su técnica y reduce la palabrería tipo *barro* a un nivel tipo *espinilla* más pequeña y menos intimidante. «Imposible» es una pared de ladrillo cuando la comparas con «esto puede necesitar algo de trabajo». ¿No le harías mejor frente a un proyecto que es «retador» que a uno que es «inmanejable»?

+ Háblate como tu mejor amiga. Usando tu voz de mejor amiga, calla intencionalmente esa voz de Eeyore que murmura en tu interior. Háblate a ti misma como le hablarías a tu mejor amiga. Decide que esa voz sea:
  - Alentadora
  - Edificante
  - Reafirmadora

  Liviana y divertida (¡escucharás mejor si es así!)

+ Evita las comparaciones. Todo el mundo tiene un set de destrezas diferente. Como tú no hay dos. La manera en que haces algo tal vez difiera de las técnicas de otros, pero eso no significa que sean inadecuadas. Para citar a mi abuelito (y al tuyo): «Hay más de una forma de despellejar a un gato». (Trata de no imaginarte cómo se originó este dicho.) La competencia auto impuesta es injusta y solo promueve más negatividad. A menos que seas una campeona mundial, siempre habrá alguien mejor que tú en una destreza específica. ¿Y qué importa? Tú no necesitas otra tiara.

+ Sé creativa. Abre tu mente a nuevas posibilidades. Aparenta que eres Michael Jordan y canta a todo pulmón: «Creo que puedo volar...». Ok, ignora la parte de MJ pero, de verdad, las soluciones solo las encuentran las personas que las buscan.

+ Memoriza Filipenses 4.13. Repítelo frecuentemente. *Confía* en Dios y ¡actúa como que lo haces!

+ Agrega esperanza. Añade esa palabra mágica de siete letras: *todavía*. Cuando la añades al final de un pensamiento negativo, transformará milagrosamente las perspectivas «no puedo» en «sí *puedo* con un poco más de tiempo». La diferencia es sutil, pero profunda: «No puedo hacer que esto funcione... *todavía*».

«No soy lo suficientemente lista para descifrar esto... *todavía*».

«No estoy manejando bien esto... *todavía*».

¿Ves? Con una palabra, le añadiste instantáneamente esperanza al panorama.

+ *Actúa* positivamente para que realmente te *conviertas* en una persona positiva. En su libro, *Winning the Stress Challenge*, el Dr. Nick Hall cita un estudio que él condujo en el que prueba que las señales transmitidas al cerebro de una persona cuando se está *comportando* de una forma particular provoca cambios físicos y mentales similares a los que provocan las respuestas emocionales reales. En otras palabras, ¡ponerte la máscara de cara feliz realmente te hace sentir más feliz!

Creemos e internalizamos lo que nos decimos a nosotras mismas. Las palabras son poderosas. Tienen la capacidad de cambiar la percepción de nuestras capacidades de limitadas a ilimitadas. Es increíble cuánta diferencia un poco de optimismo puede tener en reducir el estrés diario. Todo luce sorprendentemente más brillante, cálido y esperanzador.

El monólogo interior positivo no es un concepto nuevo. Simplemente necesitamos seguir lo que el apóstol Pablo escribió en Filipenses 4.8: «Concéntrense en todo lo que es verdadero, todo lo honorable, todo lo justo, todo lo puro, todo lo bello y todo lo admirable. Piensen en cosas excelentes y dignas de alabanza» (NTV).

¡Y sigue tratando aunque dejes algunas bolas en la malla!

Ya sea que pienses que puedes o que
no puedes —tienes razón.

HENRY FORD

DES-ESTRESÉMONOS

1. ¿Cuándo comienzas esos monólogos interiores negativos con más frecuencia? ¿Qué te dices?

2. Piensa por un momento en los tres mensajes negativos que te repites rutinariamente. Ahora, ajusta tu tono, háblate como tu mejor amiga y agrega esperanza. Dale, practica tus nuevos mensajes positivos en voz alta. Recuerda transponer estas afirmaciones la próxima vez que comiences a rodar por el terreno resbaladizo del negativismo. ¡Da el paso osado del pensamiento negativo al positivo!

3. Medita en Filipenses 4.13 por cinco minutos. ¿Qué te está diciendo Dios a través de este versículo?

Más allá de los extremos

(ENCONTRANDO EL BALANCE)

*Y todo lo que hagan o digan, háganlo
en el nombre del Señor Jesús.*

COLOSENSES 3.17 DHH

El entusiasmo es bueno, ¿cierto? *Debemos* sentir pasión por las cosas en las que creemos firmemente. Pero, ¿existen límites aun para la pasión? ¿Acaso hay una línea fina que no debemos cruzar cuando el entusiasmo comienza a enredar nuestros nervios en vez de calmarlos?

Mi esposo Chuck, un fanático de los alimentos naturales, estaba absolutamente emocionado con su nuevo, práctico y estupendo exprimidor para hacer jugos. Y este no era un exprimidor común y corriente. Esta chulería podía prácticamente tragarse de una vez todo el contenido de nuestra nevera y en segundos escupir una tina de jugo gris, espeso y repugnante, ¡ah! pero muy saludable.

La alegría de Chuck era enseñarle su nuevo juguete a todo el que pusiera un dedo en un perímetro de cien yardas de nuestra casa. Igual que Tim «el hombre herramienta» Taylor, él se enorgullecía en transformarse en Chuck «el hombre exprimidor» Coty. Y se la pasaba armando y desarmando aquel monstruo de acero inoxidable, y prendiendo el motor mega potente que sonaba como la plataforma de lanzamiento de un cohete.

Después de un tiempo, Chuck comenzó a experimentar con distintas mezclas de jugos. Su meta era crear el logro supremo de toda su vida: el alimento líquido más saludable y enérgico jamás conocido por el ser humano.

Así que en lugar de exprimir cinco zanahorias orgánicas con algunas manzanas para el desayuno, añadió toda una libra de zanahorias. En lugar de un toquecito de sabor a zanahoria mezclado con sus vegetales verdes y remolacha para un suculento almuerzo, atosigó en la máquina toda la sección de zanahorias del supermercado y un torrente de lodo naranja comenzó a fluir de ella.

Después de tres semanas en esta dieta ultra saludable, noté durante una noche de estudio bíblico, que nuestra amiga Sharon, una enfermera certificada, observaba a Chuck cuidadosamente. No le quitaba los ojos de encima, ni siquiera durante el tiempo de oración. Después del último amén, me llamó aparte y me preguntó en voz baja:

—¿Cuándo fue la última vez que Chuck se hizo su chequeo médico? Creo que su hígado no está funcionando bien.

—¿*Qué?* —casi grité, sorprendida—. ¿Por qué piensas que algo anda mal?

—Bueno, míralo bien. Luce tan amarillento que casi resplandece.

Ambas lo miramos boquiabiertas. Sin duda, la piel de Chuck estaba del color de una calabaza tallada para la noche de brujas. No sé cómo no me había dado cuenta antes. Preocupada, le hice señas a Chuck para que se acercara a nosotras en una esquina apartada y Sharon le habló de su seria preocupación.

Para mi asombro, Chuck estalló en risa, mientras Sharon y yo nos mirábamos una a otra sin entender. «Son las zanahorias», nos explicó riéndose a carcajadas. «Tienen que ser las zanahorias. Demasiado beta-caroteno. Tiene que haberse regado por mi sistema».

Afortunadamente, a medida que fue reduciendo su consumo de zanahorias, en el transcurso de un mes comenzó a parecerse menos a una mandarina en esteroides. Frustrado por su primer ensayo fallido, Chuck decidió hacer otro intento en la creación del batido más saludable del mundo.

Durante años he tomado pastillas de ajo, pensó (Chuck se pasa diciéndome que es un agente fungicida maravilloso). *¿Qué tal si le añado ajo fresco a mi jugo?*

Un concepto excelente, tal vez, pero se estaba olvidando de un detalle. Las pastillas de ajo procesado no tienen olor. Y son bien pequeñas. ¿Notas hacia dónde vamos?

Así que, siguiendo la línea de pensamiento de Tim Taylor que dice que si un poquito es bueno, mucho más es mejor, una hermosa mañana Chuck apiñó tres dientes de ajo completos dentro del exprimidor, junto a su cantidad usual de productos frescos. Muy alegremente, se tragó su mejunje y, muy inocentemente, se sentó a trabajar en su computadora.

¿Has visto alguna vez una foto de Hiroshima?

Eso fue lo que ocurrió en su estómago unos diez minutos más tarde. Y las sorpresas continuaron. Durante las siguientes dos semanas el ajo siguió estallando por cada salida posible de su cuerpo. Cuando no se estaba quejando en el baño, su amada familia cosechaba las consecuencias de su experimento de salud fatídico. Aparte de los eructos que le aguaban los ojos y, um, una poderosa flatulencia (¿existe una palabra agradable para esto?), el olor a ajo salía por cada uno de sus poros y lo envolvía en una nube tóxica como la Pigpen, el amigo sucio de Charlie Brown.

Cuando prometí «en las buenas y en las malas» en mi boda, no tenía la más remota idea de cuán diversas serían «las malas». En lugar de llegar a los extremos, mi esposo estaba yendo más allá.

Pero la comida no es el único plano en el que los extremos no son saludables. Como mamá joven, pensaba que *darle todo a Dios* quería decir «brincar de un lado para otro hasta quedar sin fuerzas».

Los domingos, el día designado por Dios para descansar y adorar, me levantaba al amanecer, lactaba, bañaba y vestía al bebé, levantaba al resto de la ganga, les daba desayuno, los vestía y los juntaba en manada hasta el auto, corría de vuelta a la casa para cambiar al bebé y cambiarme de vestido después del derrame del pañal. Luego, en la iglesia, llevaba a todo el mundo a sus respectivos lugares, corría a dar mi clase bíblico al tercer grado y salía disparada al santuario a tiempo para tocar el piano en el servicio de las 11:00.

El descanso y la adoración no estaban en mi agenda. Cuando llegaba a casa, simplemente colapsaba agotada en el sofá, sin servir para nada ni para mí ni para mi familia en el día que el Señor creó para rejuvenecer nuestro espíritu y cuerpo. Estaba yendo más allá de mis límites.

¿Qué me dices de ti? ¿Te estás extralimitando? ¿Abusando de tu tiempo y de tus energías? Sin importar nuestras buenas intenciones, somos solo seres humanos y el Diseñador por excelencia, quien nos creó y *conoce* nuestras limitaciones, quiere que establezcamos parámetros, que escojamos con cuidado la manera en que invertimos nuestra energía finita.

Ir más allá de nuestros límites no solo nos roba la alegría y la capacidad para vivir en el momento, sino que también nos priva de la satisfacción y la efectividad de las prioridades que Dios ha establecido como nuestro principal enfoque para este tiempo particular en nuestras vidas.

Haz todo en moderación, incluyendo la moderación.

BEN FRANKLIN

DES-ESTRESÉMONOS

1. Nombra un tiempo en el que fuiste más allá de los extremos.

2. Lee Eclesiastés 9.10: «Y todo lo que te venga a la mano, hazlo con todo empeño» (NVI). Ahora, contrasta ese versículo con el Salmo 62.5: «Alma mía, en Dios solamente reposa, Porque de él es mi esperanza» (RVR1960). ¿Cómo puedes establecer un balance saludable entre actividad y descanso?

3. Piensa en maneras en las que puedes dar lo mejor de ti, sin extralimitarte, en tres áreas específicas de tu vida (por ejemplo, iglesia, hogar, trabajo, matrimonio, crianza, expresión personal, ministerio, relaciones, cuidado de la salud, etc.).

Papá Dios, Mamá Tierra
(DESCUBRIENDO UN TONO DE VERDE MÁS INTENSO)

*Las generaciones van y vienen,
pero la tierra nunca cambia.*

ECLESIASTÉS 1.4 NVI

Conservar el ambiente. Todos queremos hacer nuestra parte, ¿cierto?

Tal vez no como el cirujano plástico en Beverly Hills que se paseó por la ciudad usando *lipodiesel*, un combustible alternativo que él creó de los excedentes de grasa en las barrigas, caderas y cinturas de sus pacientes.

Por supuesto, la idea no duró mucho. Parece que algunas de sus donantes de grasa descubrieron sobre su contribución particular a la conservación de energía y no estuvieron precisamente contentas con que su celulitis estuviera paseándose por la ciudad sin ellas. Además, la ley en California prohíbe el uso de desperdicios humanos como combustible para autos. ¡Imagínate nomás!

Dios es nuestro Papá (en el Antiguo Testamento, *Abba*, el nombre para Dios, se traduce como una forma íntima de padre; es decir, «papito»), y Él nos dio a nosotros (la humanidad) el honor de cuidar Su gloriosa creación (ver Génesis 1.26–28). Y en el cumplimiento de este rol, debemos exhibir compasión, responsabilidad y cuidados en nuestra relación con nuestro hogar terrenal y sus otros habitantes. No obstante, muchas mujeres comentan que un factor de estrés subyacente en sus vidas es la molestosa preocupación de que la contaminación y el desperdicio desenfrenado de nuestros recursos naturales les dejarán un mundo necesitado a las futuras generaciones. Y se suma un estrés adicional por un sentido de impotencia de que un individuo no puede marcar una diferencia.

Bueno, amiga, tengo buenas noticias. Existen muchas maneras sencillas en las que podemos glorificar a Papá Dios respetando Su creación y entrenando a nuestras familias a vivir de una forma más ecológica.

+ Apaga las luces, abanicos y aparatos eléctricos cuando salgas del cuarto y apaga tu computadora cada noche. La televisión absorbe cerca de un diez por ciento del consumo eléctrico de una casa, así que considera seriamente si Fido realmente necesita mirar *Animal Kingdom* mientras tú estás trabajando. Los enseres pequeños (incluyendo los cargadores del celular) consumen electricidad aunque no los estés usando, así que desconéctalos. Me sorprendió descubrir que dejar los abanicos encendidos no tiene efecto residual de refrescar una habitación desocupada, así que úsalos solamente cuando estés presente. Y recuerda que las pesetas que cuesta mantener encendida una bombilla solitaria se van sumando rápidamente.

+ Reemplaza las bombillas incandescentes por fluorescentes. Estas últimas duran hasta diez veces más tiempo (y te ahorran cerca de cincuenta dólares al año).

+ Apaga el motor de tu auto mientras esperas; el cuento viejo de que usas más gasolina encendiendo el motor que dejándolo prendido es una tontería.

+ Recicla: cristal, papel, cartón, plásticos, aluminio y sonrisas. Esto último dura para siempre.

+ También puedes reciclar alimentos, cortando, procesando o guisando las sobras de una cena y convirtiéndolos en un tipo de comida completamente distinta (por ejemplo, si pasas las sobras de un pollo asado por el procesador de alimentos puedes preparar una elegante ensalada de pollo; las sobras de un asado de puerco saben divinas a la barbacoa). Otra idea gástrica de la cocina de Coty que nunca falla: añade un poco de queso a cualquier plato, el remedio culinario para todo. Si está un poco crudo, el queso mozzarella funciona además como pega derretida. ¿Quemado? Raspa la capa quemada y cúbrelo con queso cheddar para disfrazar el sabor a carbón. ¿Duro como una silla de montar? Córtalo y sumérgelo en Cheese Whiz. Simplemente llámame Wolfgang Coty.

+ Descarga todos los alimentos en un solo plato. Para evitar el exceso de trastes para fregar (un gasto de agua, energía y te deja con manos de ciruela) y para usar menos hornillas, echa todo junto en un plato: carne, vegetales, fideos (las cocineras arrogantes les llaman pasta), y de vez en cuando, añade frutas si te caben en el sartén. Una cocinera inteligente puede servir simultáneamente los cuatro grupos de alimentos sureños: dulce, salado, frito y gratinado. El éxito en este tipo de cocina puede requerir algo de práctica. Una vez intenté hacer pizza de mango, espinacas y pavo, y hasta el perro le dio la espalda.

+ Comienza un recipiente de abono orgánico. Para los desastres de pizza de mango, espinacas y pavo.

+ Limpia con frecuencia el filtro del aire central o el sistema de calefacción para aumentar la eficiencia de energía, purificar el aire y ahorrarte un par de dólares.

+ Conserva agua. Reemplaza los inodoros, las llaves de agua y los cabezales de ducha con modelos de flujo bajo. Las llaves de agua goteando son un desperdicio de dinero y de galones de agua que se pierden por el desagüe. Instala un sensor de lluvia en el sistema de riego para evitar que se enciendan innecesariamente.

+ Todo el mundo disfruta de una buena frazada. Arropa tu calentador de agua con una frazada hecha a la medida para aislarlo del frío del invierno. Ajusta la temperatura del agua a 120 grados; lo suficientemente caliente para lavar los trastes sin quemar a nadie cuando se bañen.

+ Hablando de aislamiento, chequea tu ático y reemplaza el material aislante que ya no sea efectivo para conservar la energía el calor o el aire acondicionado. O adopta la técnica de Coty... ¡acumula montones de cachivaches inservibles que hacen función de material aislante adicional!

+ Comprar contenedores reusables en lugar de llenar el vertedero con bolsa y botella plásticas desechables. Somos, a fin de cuentas, las encargadas de cuidar la creación.

+ Planta un huerto casero; reconéctate con la práctica de cosechar y consumir alimentos orgánicos. Los chicos que consumen productos cultivados en casa tienden a tener mejores actitudes hacia la nutrición y los buenos hábitos alimenticios.

+ Reemplaza secciones de esa grama que requiere mucho mantenimiento y mucha agua con plantas y arbustos que no necesitan tanta agua, que absorben el carbono de la atmósfera, emiten oxígeno fresco y se llevan mejor con tu ecosistema y clima. Crea un jardín con menos impacto en el ambiente *y* en tu energía para mantenerlo.

+ Y mi preferido: corre bicicleta o camina en lugar de manejar. Esto es beneficioso por dondequiera que lo mires. Correr bicicleta al aire fresco de la creación de Papá Dios quema calorías (unas 500 por hora) y limpia las telarañas de tu cerebro. Además, economizas gasolina y reduce los residuos de carbono en el ambiente. Yo vivo en un radio de cinco millas del correo y la biblioteca, así que cuando tengo que enviar algún paquete, comprar estampillas o devolver un libro, me subo en mi Ole Bess (mi bicicleta), aseguro mis pertenencias en mi canasta (mis hijos me llaman Elvira Gulch) y pedaleo feliz hasta sudar.

Una pequeña advertencia: cuídate de que tus esfuerzos en la conservación del ambiente no se conviertan más en factores de estrés en lugar de aliviar tu estrés. Conozco a una mujer cuyo esposo insiste en que salga al trabajo a la misma hora que él de manera que la puerta del garaje solo se use una vez en las mañanas. ¿Crees que la economía de energía realmente amerita el estrés que le provoca el verse obligada a llegar al trabajo una hora más temprano?

¿Sabes? Me parece que el próximo proyecto nacional de reforma social de las mujeres debe ser celebrar piquetes frente a las cortes en favor de gasolina derivada de celulitis reciclada. Es mejor que se muevan nuestros autos que nuestras caderas, ¿no te parece? Entretanto, si no podemos ser donantes de grasa, ¡por lo menos podemos correr usando atrevimiento natural!

¡Anímense, chicas! Todas podemos hacer *algo* para ayudar a prevenir las arrugas en el rostro de Mamá Tierra. Comienza poco a poco. Pasito a pasito. Después de todo, ¡los buenos planetas están algo escasos!

=No heredamos la tierra de nuestros antepasados;
la tomamos prestada de nuestros hijos.

REFRÁN AMERINDIO

DES-ESTRESÉMONOS

1. Haz una lista de las maneras en las que tu familia pueda vivir más «ecológicamente».

2. ¿Cuáles dos técnicas de conservación adicionales te sientes inclinada a implementar? (No, ¡no puedes contar la donación de celulitis como combustible!)

3. Reflexiona en Génesis 8.22. ¿Cómo podemos ayudar para asegurarnos que la tierra —nuestro hogar lejos del nuestro hogar celestial— perdure?

Toda estresada y sin un lugar para echarme a llorar
(LIDIANDO CON LA PÉRDIDA)

Porque él no desprecia ni tiene en poco el sufrimiento del pobre; no esconde de él su rostro, sino que lo escucha cuando a él clama.

SALMO 22.24 NVI

+ La voz en el teléfono se desvanece mientras el auricular se cae lentamente de tu mano temblorosa a las tres de la madrugada.
+ El sonido de la puerta cerrándose de golpe hace que tu mundo comience a girar como si la gravedad te hubiera abandonado, también.
+ Escuchas pero no puedes comprender las palabras graves del doctor, a medida que van dando tumbos hasta la oscura y tétrica fosa en lo profundo de tus entrañas.

Malas noticias. Pérdida súbita y devastadora. Catástrofe inesperada.

Es cierto. Estamos a una llamada de distancia de nuestras rodillas. Alguna pérdida terrible nos toca a todas en algún momento de nuestras vidas. ¿Cómo lidiamos con esto? ¿Cómo superamos la parálisis espiritual, física y emocional que con frecuencia acompaña el impacto? ¿Cómo evitamos la desolación total y absoluta?

Permíteme compartir contigo algunas destrezas exitosas para enfrentar el dolor aprendidas de varias mujeres cristianas que han sufrido pérdidas que alteraron sus vidas.

Después de veintiocho años de matrimonio, el esposo de mi amiga Lauren llegó un día con el anuncio inesperado: «Me voy».

Durante años, Lauren había luchado para mantener dos trabajos mientras simultáneamente estudiaba en la universidad, con el propósito de proveer para su familia de seis personas ya que John ya no podía trabajar ni manejar debido a una enfermedad neurológica debilitante. Ella llevaba a John a un sin fin de citas médicas y cuidaba devotamente de las necesidades especiales de su esposo. A Lauren la sorprendió totalmente cuando John decidió que, de alguna manera, ella estaba impidiendo que él se mejorara.

Nadie entiende mejor que mi amiga Esther sobre agarrarse desesperadamente a la esperanza que ofrece 1 Corintios 10.13: «Y pueden ustedes confiar en Dios, que no los dejará sufrir pruebas más duras de lo que pueden soportar. Por el contrario, cuando llegue la prueba, Dios les dará también la manera de salir de ella, para que puedan soportarla» (DHH).

Adam, su hijito de dos años, fue diagnosticado con un tipo de cáncer raro y agresivo. Por dos años, Esther pasó con su bebé por el proceso de quimioterapia, la amputación de su brazo e intentos inútiles de calmar su dolor, antes de que Dios se llevara a casa a Adam en el día de San Valentín. Desconsolada, Esther se sumió en la desesperación y la depresión, al punto de atentar con terminar con su propia vida.

«Cuando miro atrás, veo que aun en medio de mi lucha, Jesús fue quien me sostuvo y me dio vida para ahora y para el más allá», dice Esther hoy. «Jesús es la *única* puerta de escape cuando estamos en situaciones terribles. Como creyentes, realmente podemos encontrar las fuerzas para soportar y superar las pruebas a través del amor de Cristo».

En tiempos de aflicción extrema, las ruedas de la vida cotidiana pueden sacudirse y chirriar, hasta detenerse por completo. Nos sentimos impotentes y no tenemos idea de cómo lubricar esos piñones mohosos para que las ruedas comiencen a moverse otra vez. Basándonos en las experiencias de Lauren y Esther, y otras personas que han sufrido grandes pérdidas, tal vez lo único que necesitan esas ruedas es un poco de A-C-E-I-T-E.

A: Aflicción. Está bien, mi querida hermana. La aflicción es parte del proceso de sanidad. El dolor es profundo. Permítete *sentir* tu pérdida. La muerte de un sueño puede sentirse tan real como la muerte de un ser querido. Negar o ignorar la realidad simplemente pospone lo inevitable. Mantén tus ojos en Jesús durante el proceso de aflicción; recuerda, es Su poder, Su presencia, lo que a fin de cuentas nos sana. Dios realmente opera corazones rotos.

C: Cargas. Derrama tus sentimientos a Papá Dios. Él entiende de pérdida... a Su Hijo amado lo golpearon brutalmente y lo mataron. Dale, golpea Su pecho. Grita. Gime. Él es un Dios bien *grande*.

E: Entrega y desahogo. Entrégale tus sentimientos a Papá Dios. Él entiende lo que es la pérdida —Su Hijo amado fue golpeado implacablemente, y luego lo mataron. No tengas miedo. Dale en Su pecho. Grita. Gime. Él es un Dios *bien* grande. Él puede soportarlo.

Te aseguro que los episodios de llanto y la falta de energía son mecanismos perfectamente normales luego de una crisis. Estás en duelo y tu cuerpo está reaccionando al intento de tu espíritu de lidiar con tu pérdida. Con frecuencia sientes que estás corriendo con el tanque vacío y no tienes idea de dónde o cómo llenarlo. Papá Dios lo entiende. Él es dueño de la bomba.

Nota especial: Es importante establecer parámetros de tiempo para esos momentos de desahogo no continúen indefinidamente y se conviertan en un atolladero de ira improductiva.

I: Implementa un círculo de apoyo. Encuentra una fuente continua y regular de apoyo emocional. Puede ser un grupo de mujeres comprensivas y cariñosas, o una amiga en la que confías. Gente que sea segura y que entienda tu vulnerabilidad. Acepta la fuerza que te ofrecen para ayudar a reforzar la tuya cuando ya no existe.

T: ¡Tienes que actuar! Eh, ¡levántate de ese sofá! Mueve tus huesos. Pon un pie delante del otro. Y ahora hazlo otra vez. Sal de tu casa. Sigue respirando. Sigue viviendo. No te marchites y mueras. Tal vez no *sientes* el deseo de hacer nada, pero la felicidad a largo plazo depende de los sacrificios a corto plazo.

Recuerda, la sanidad es un cupón de descuento de un dólar, no una súper venta especial. Es un proceso gradual. Pasito a pasito. Simplemente sigue moviéndote en la dirección correcta y eventualmente llegarás. ¡Te aseguro que llegarás!

Otro paso importante es buscar consejería cristiana. Pauta citas regulares con un consejero *cristiano*. Es importante que recibas perspectiva bíblica durante tu proceso de sanidad. No le pedirías a tu peluquera que repare tu auto, ¿cierto? ¡Claro que no! Esa no es su área de pericia. Tu alma es infinitamente más importante que tu carburador. Busca dirección en un representante entrenado de tu Creador que esté firmemente arraigado en valores cristianos y principios espirituales.

E: Ejercítate. Ok, ahora llegó el momento de jugar bola dura. Establece una rutina regular y específica. No es hacer promesas vagas como: «Voy a subir más escalones», sino algo medible como: «Voy a subir cuatro pisos por escalera todos los días» o «Voy a correr bicicleta hasta el parque tres veces a la semana». Luego, ríndete cuentas a ti misma manteniendo una lista. Camina, corre, esquía, baila, ve al gimnasio... cualquier cosa que te parezca, pero conviértelo en una prioridad. Nada de palabras evasivas: «*Tal vez* vaya», «*Posiblemente* mañana», «*Si* no llueve y Júpiter se alinea con Marte». Escúchame bien, no puedes controlar los desastres pero *sí* puedes controlar si le provees o no a tu cuerpo la válvula de escape físico que necesita para mantener bombeando los químicos naturales y los fluidos sanadores de tu cuerpo. Haz esto por *ti*.

Me parece que es justo decir que el noventa y cinco por ciento de nosotras cuestiona el amor de Dios y hasta Su existencia cuando nos toca la tragedia. Y en nuestro mundo caído, nos *tocará* a todas, en un momento u otro. Mi esposo Chuck y yo pasamos por nuestros propios tiempos de desierto en nuestra fe luego de seis abortos espontáneos que nos rompieron el corazón. Nos alejamos del Señor y no queríamos tener nada que ver con un dios que no se preocupaba por nosotros. Mi desierto duró tres años largos y solitarios —lo suficiente—, pero el de Chuck se extendió por una década.

En medio de la angustia inmediata de nuestra pérdida, Dios parecía cruel y despiadado. Nos sentimos abandonados y perdidos, pero en retrospectiva, al igual que Ester, ahora vemos que Dios todavía estaba allí en cada momento. No era cruel, no era despiadado... simplemente estaba en silencio, alumbrándonos con una linterna de esperanza y esperando pacientemente que se cayeran las cataratas espirituales que nos habíamos impuesto para que así pudiéramos ver Su presencia.

Uno de mis pasajes de consuelo favoritos fue el Salmo 22.24 (búscalo al inicio de este capítulo). Entendí que Dios no es el que provoca nuestra aflicción; no, Él es el ayudador de los afligidos. Esas somos tú y yo. Él no es el enemigo; Él está en nuestro equipo. ¡Una inmensa diferencia para un corazón en proceso de sanidad!

Otra verdad sobre cómo lidiar con las tragedias me llegó en mi cueva. (Alguna gente la llama cocina.)

¿Has horneado pan alguna vez? ¡Nada huele mejor de este lado del cielo! Bueno, de la manera en que lo veo, la sanidad es como la levadura del pan —tienes que halar, estirar y pegarle a la masa para que la levadura se extienda, pero al final, permea cada pulgada. Con el tiempo, esa misma levadura es la que hace que el pan suba y se convierta en lo que se supone que sea. Si la levadura no penetra la masa o si la masa no pasa el tiempo suficiente en el horno, el pan nunca se completará. Terminará siendo una masa inútil, repulsiva e incomible. El calor es necesario para su transformación y perfección.

Así que la próxima vez que sientas que quieres gritar: «¡Entiérrame un palillo de dientes; no doy para más!», recuerda que aunque nuestros días de horno son difíciles —y con frecuencia dolorosos— esos son los momentos en los que crecemos y maduramos en nuestra fe.

He aprendido que el dolor tiene propósito, lo que, en la cúspide de un malestar insoportable, me da muy poco consuelo. En retrospectiva, sin embargo, he comprobado el valor del dolor. De hecho, he descubierto que el dolor es uno de los maestros más efectivos de la vida.

PATSY CLAIRMONT

DES-ESTRESÉMONOS

1. Describe un tiempo reciente en el que enfrentaste una pérdida inesperada y devastadora. ¿Cómo lidiaste con ella? ¿Estás lidiando con ella todavía?

2. ¿Cuál de los elementos ACEITE implementaste? ¿Cuáles no usaste? ¿Ves ahora la necesidad de implementarlos?

3. Lee el Salmo 4 (es corto). ¿Cómo —al igual que David— podemos encontrar paz en nuestro sufrimiento? ¿Qué significa ser «separado» (versículo 3)?

Estreñimiento en el calendario

(Simplifiquémonos)

*Vengan a mí todos ustedes que
están cansados y agobiados,
y yo les daré descanso.*

Mateo 11.28 nvi

Yo era una mamá joven, totalmente fuera de mis casillas, arrastrándome del trabajo a la casa para sacar peces de juguete del inodoro y raspar vómito de perro de la alfombra. Gritaba en desesperación: «No recuerdo cuándo fue la última vez que *realmente* me reí. ¿Acaso voy a sentirme feliz alguna vez?».

Llegué a la cínica conclusión de que la felicidad es meramente la ausencia de dolor.

Estaba agotada —demasiado ajetreada— y estaba permitiendo que mi ritmo frenético secuestrara mi felicidad y robara mi alegría. Estaba crónicamente exhausta, arrastrando los pies día a día, manteniendo mis ojos clavados en mi lista de cosas por hacer, con el único propósito de tachar la siguiente tarea. Nunca vivía en el momento, sino que siempre estaba mirando hacia delante, hacia el momento en el que mi trajín se reduciría mágicamente y finalmente iba a poder descansar.

Pero no ocurrió. Continué aceptando nuevos proyectos, actividades que valían la pena, ministerios que me necesitaban. Cada tarea que valía la pena requería planificación, reuniones, energía creativa y tiempo que yo no tenía. Me la pasaba haciendo esto, yendo de aquí para allá y terminando aquello otro.

Pero, ¿sabes que resulta de todo ese *hacer, hacer y hacer*? Bueno, te lo voy a decir. No es algo que discuten las personas más civilizadas

(¡nunca permitiré que *eso* me detenga!), pero todas sabemos que sí existe: estreñimiento en el calendario. Esos cuadros en nuestros calendarios están tapados, obstruidos, tupidos. Y como te diría cualquier abuelito, solo existe una manera infalible para curar el estreñimiento de calendario: un enema para las actividades.

Dios no quiere que seamos un trapo sucio de fregar, amiga. Dios *no* es glorificado cuando estamos tan agotadas que no sabemos si nos estamos peinando con un cepillo de dientes o tratando de pagar en el supermercado con una tarjeta de Blockbuster.

Tuve que examinar minuciosa y cuidadosamente mi agenda sobrecargada y tomé la decisión de bajar el paso, reducirla y simplificarla. (¡Me encanta la letra de esa canción de Wes King! Si no conoces la canción «Simplify», búscala y escúchala —créeme, ¡te menearás hasta reírte a carcajadas!).

Un enema para las actividades no es cosa fácil, pero realmente, ¿existe algo que valga la pena que sea fácil? Comencé a eliminar las actividades innecesarias y a limpiar cualquier cosa que no fuera esencial para el ministerio especial que Dios me había dado, que en aquel momento era mi esposo y mis hijos.

Me tomó varios meses de esfuerzo intencional antes de poder encontrar algo de tiempo en la periferia de mi día. Y luego, gradualmente, con un poco de espacio para respirar, comencé a sentir otra vez la alegría del Señor. Empecé a notar la belleza en los rayos de sol filtrándose a través de la neblina de la mañana; a admirar las telarañas tocadas por el rocío que se me parecían a los tapetitos blancos que tejía mi abuela, y las rodajas de kiwi en mi ensalada de frutas comenzaron a parecer caritas alegres.

La belleza siempre estuvo allí; simplemente no podía verla cuando mis ojos estaban enfocados en mi lista de cosas por hacer.

¿Y tú qué? ¿Están tus pies enterrados en el fango del estrés diario? En ese fango pegajoso y viscoso que drena tu energía y te hala hasta que sientes que nunca vas a poder escapar.

¿Cuáles son algunas de esas arenas movedizas que mantienen a las mujeres atascadas en el pantano del frenesí?

Arena movediza #1: Fatiga. Comprometer demasiado nuestro tiempo y nuestras energías asfixia nuestra paz interior. En su libro *The Overload Syndrome,* el doctor Richard Swenson —médico y autoridad cristiana en asuntos de manejo del tiempo— comenta: «Cuando experimentamos una hambruna de tiempo, la alegría es la primera víctima; la irritabilidad envenena nuestras actitudes».

Además, el doctor Swenson establece que los cristianos deben orar antes de aceptar nuevos compromisos y poner cada uno de ellos en una «prueba de paz». Debemos preguntarnos: «¿Será que este compromiso resultará en paz en mi corazón y en mi hogar, o añadirá al caos?».

Papá Dios quiere darnos Su paz. El diablo prospera en el caos.

A mí me ayuda mirar mi cuota de energía diaria como si fuera una barra de chocolate (¡relaciono todo con comida!). Un trozo aquí, un pedacito allá reduce constantemente la barra a lo largo del día, y una vez le doy el último mordisco, se acabó. Ya no hay más. Tengo que aprender a racionar sabiamente mi energía o me estrello m-u-c-h-o antes de que termine el día.

Arena movediza #2: Circunstancias. Mi amigo Leroy dice: «A veces siento que he sido elegido para que me fastidien». Ocurren *cosas* que están más allá de nuestro control y estamos obligadas a lidiar con ellas: las finanzas se van al suelo, nos sentimos miserables en el trabajo, los problemas de salud nos sorprenden de la nada, las relaciones fracasan o los conflictos familiares le roban el color a nuestro mundo.

Pero, hermana, las circunstancias no tienen que controlarnos. No podemos cambiar cada situación, pero por medio del poder del Señor podemos escoger cómo respondemos a ellas. Y eso marca la diferencia entre la victoria y la derrota. «Todo el que ha nacido de Dios vence al mundo» (1 Juan 5.4 nvi). Cuando buscamos las fuerzas de Papá Dios en lugar de las nuestras, escogemos *impedir* que nuestras circunstancias nos definan.

Arena movediza #3: Complacer a todo el mundo. Creo que la mayoría de las mujeres tiene un deseo innato de que los demás nos reconozcan y nos aprecien. A veces sentimos que debemos asumir más y más responsabilidades de servicio para merecer ese respeto y cariño. Pero tenemos que recordar que: «Nuestro propósito es agradar a Dios, no a las personas» (1 Tesalonicenses 2.4 NTV).

Sin reparo alguno, la gente tomará tanto tiempo y energías de nosotros como se lo permitamos. Dios conoce nuestras limitaciones y quiere solo beneficiarnos.

Arena movediza #4: Culpa. Mi adorado esposo dice que el noventa por ciento de la razón por la que hago algo es la culpa. Eso, por supuesto, es absurdo. Te aseguro que no pasa ni por un poquito el ochenta y siente por ciento. La verdad es que sin darse cuenta, muchas mujeres están motivadas por la culpa: «Realmente debería...», «Me voy a sentir terriblemente mal si no...», «Le debo a él/ella/ellos que...».

Tenemos que aprender a diferenciar entre la culpa auto infligida y el propósito ordenado por Dios. Uno es pecado y la otra es integridad. Ambas requieren tiempo preciado y tenemos que elegir cuidadosamente cómo usamos nuestros recursos finitos de tiempo y energía.

Entonces, ¿cómo podemos administrar un enema para las actividades a nuestros calendarios estreñidos?

+   Elimina lo que no es esencial. Determina cuáles son tus tres prioridades principales —los ministerios que Dios te ha asignado para esta temporada en tu vida. Siéntate y estudia tu agenda para el próximo mes. Analiza cuál es la motivación detrás de cada actividad. ¿Es la culpa? ¿Complacer a la gente? ¿Cualquier otra cosa que no sea impulsar el ministerio que Dios te ha dado? Ahora, toma un bolígrafo rojo y tacha todo lo que no esté relacionado con tus prioridades. Toma el teléfono y explícales a las personas responsables que tienes que reducir tus actividades para poder mantener tu salud emocional y espiritual, y que en este momento, no puedes participar.

Nadie puede cuestionar este razonamiento. Sentirán miedo de ser los responsables de que termines en el manicomio o en la cárcel.

+ Repite este proceso el siguiente mes. Recorta la grasa sin piedad. Mantente firme en la desactivación de esas arenas movedizas.

+ Comunícate con Papá Dios todos los días y a toda hora. Ora como si tu vida dependiera de ello... ¡porque realmente es así! Aprovecha esas oportunidades breves para reconocer las huellas digitales de Dios en los detalles de tu vida diaria.

+ Lee las instrucciones. ¡Haz un plan y cúmplelo! Mantente leyendo y estudiando diariamente la Palabra de Dios. Es así como rellenamos nuestra reserva cuando se está agotando.

+ Simplifica, sí, pero conserva lo que es importante. Mantén pegada en tu espejo una lista de tus tres prioridades principales. Separa tiempo para la gente más importante en tu vida: tu esposo, tus hijos y *tú*, mi amiga.

Los escritores tienen una regla fundamental cuando están redactando una novela: proteger el espacio vacío. Ya sabes, el área en el papel que no está cubierto con letras negras. El espacio vacío hace que la página le resulte más llamativa para el lector. El espacio vacío no se siente intimidante, más bien conquistable y hasta atrayente.

El espacio vacío es también importante para lograr poner en orden nuestras vidas.

¿Recuerdas cómo se sentía el despertarte una gloriosa mañana de verano cuando eras pequeña? ¡Ah, la euforia de saber que tenías por delante horas vacías en las que podías hacer lo que quisieras!

Como adultas, no podemos darnos el lujo con frecuencia de tener horas libres, pero sí podemos acomodar algunos minutos libres cada día si simplificamos diligentemente y destapamos esos calendarios estreñidos. Ahí, mi querida hermana, es cuando nos reconectamos con esa sensación de una mañana de verano. La alegría del Señor trae pinceladas de color de vuelta a nuestro mundo blanco y negro.

Nunca hay suficiente tiempo para
hacer toda la nada que quieres.

BILL WATTERSON, *CALVIN AND HOBBES*

DES-ESTRESÉMONOS

1. ¿Estás padeciendo de estreñimiento en tu calendario? ¿Necesitas un enema para tus actividades? Si es así, ¿qué vas a hacer al respecto?

2. ¿Con cuál de las arenas movedizas luchas más?

3. Detente un minuto y crea un plan viable para introducir un poco más de espacio vacío en tu día. Pídeles ayuda a los miembros de tu familia; ellos pueden ser tus mejores aliados.

Como quieras

(SUMISIÓN INTENCIONAL)

> *No sean egoístas; no traten de*
> *impresionar a nadie. Sean humildes,*
> *es decir, considerando a los demás*
> *como mejores que ustedes.*
>
> FILIPENSES 2.3 NTV

«¡Porque soy la supervisora y puedo hacer lo que me dé la gana!».

Era la tercera vez en tres semanas que había escuchado esa frase de los labios de mi nueva jefa, Lorna. Me sentía como si hubiera regresado al recreo en el segundo grado y estuviera saltando la cuerda. Esta vez fue la respuesta de Lorna a mi pregunta de por qué había botado (sin preguntar) unos materiales que yo usaba frecuentemente con mis pacientes. La vez anterior fue en referencia a haber colgado el reloj de pared de la clínica en un lugar donde todo el mundo, menos yo, podía verlo. Y antes de eso, la frase acompañó su negativa de proveerme una silla adicional para no tener que estar moviendo de un lado para otro la silla que yo tenía asignada.

Tal vez, detalles sin importancia en el cuadro general de la vida en el trabajo, pero muy importantes para mí.

Señor, ¿en qué rayos me he metido? Era la millonésima vez que había disparado esa pregunta al cielo desde que me había transferido a esta clínica de rehabilitación. Me estaba costando mucho mantener un comportamiento profesional con mi nueva supervisora, quien era directa, obstinada, estaba pendiente a cada detalle, y era veinte años menor que yo.

Lo que realmente quería era prenderle los pantis en fuego.

Desde mi llegada, mis peticiones por materiales básicos habían sido ignoradas. No pensaba que fueran poco razonables: una grapadora, rollos de cinta adhesiva y un gabinete para guardar los folletos que preparaba en mi casa.

¿Por qué, oh, por qué estoy aquí, Señor? No obstante, mi decisión de transferirme había sido tomada luego de semanas de oración ferviente. Seguro, había escuchado los rumores sobre los problemas de control de Lorna, pero no podía ignorar la sensación de que Dios me quería aquí. Y ahora me preguntaba si había brincado de un sartén caliente a una Fábrica de Miseria en el Hades.

Durante mi cuarta semana de travesía desde la clínica a la oficina cada vez que necesitaba la única grabadora disponible, la asistente administrativa me dijo en voz baja: «No sé por qué no me deja pedirte una grapadora. Es un juego ridículo para probar que ella está a cargo».

Después de mirar alrededor para cerciorarse que Lorna no estaba escuchando, continuó: «Si fuera yo, traería una grapadora de mi casa... y un buen par de tapones de oído».

Si ella supiera cuántas veces había pensado en eso mismo. Casi todas las mañanas metía una grapadora en mi cartera, pero siempre algo me hacía devolverla a la gaveta de la cocina antes de salir de la casa. Sabía que si traía una grabadora personal, Lorna se enfurecería, pero eso no era realmente lo que me detenía.

Me da vergüenza admitir que he hecho trizas a unos cuantos tiranos insufribles con los latigazos de mi lengua. No, usualmente no soy nada tímida en hacer valer mis «derechos» (tal como los percibo egoístamente, claro está), pero, de alguna manera sabía que en este momento Dios quería que cerrara el pico.

Para nada pienses que soy un vestigio de santidad... quedarme callada era una tortura absoluta. Oraba diariamente no solo por tener los ojos de mi Padre, sino también Sus dientes para morderme la lengua. Y en honor a Su palabra, Él me cubrió con su gracia sobrenatural para *no* explotar en furia ardiente cuando pensaba que había sido tratada injustamente.

Era muy raro, casi una experiencia fuera del cuerpo: verme a mí misma reaccionando calmadamente, como si realmente *tuviera* madurez y autocontrol espiritual, cuando en lo profundo me consumía una cólera ardiente. Sin embargo, lo que anulaba aquel coraje era mi absoluta dependencia de Dios para tener el poder de someterme intencionalmente a Lorna, a pesar de mi ira.

Someterme intencionalmente. Diferir. No ceder a causa de una debilidad sino someterme a las buenas al liderazgo de ella desde una posición de fortaleza. Darle permiso para liderar y, más importante aún, darme permiso para seguirla.

No una inclinación natural; no, no soy tan justa. Una decisión deliberada. Era como si Dios me estuviera diciendo: «Busca bien adentro, Deb. Aquí está en juego un alma. Deja que ella gane las batallas; Yo voy a ganar la guerra».

Entonces un día, en un raro momento de vulnerabilidad, Lorna me sonrió. Fue una sonrisa genuina, no de las falsas que estaba acostumbrada a esperar. Algo intangible cambió entre nosotras. Las palabras comenzaron a fluir. Me habló de su niñez. Lorna era la menor de ocho hijos e hijas, y sentía que nunca le habían permitido tomar control de su propia vida ni de exhibir sus capacidades. Luego, ya de adulta, nunca había sentido necesidad de un Dios que pudiera sofocar su libertad. Y si no mantenía un control rígido, Lorna temía que las costuras de su vida pudieran comenzar a deshilarse y nunca parar.

Wow. Me pareció tan... humana. Para nada lucía como el monstruo con piel de acero y llamas de fuego saliéndole por la boca que tenía en mi mente. Comencé a notar sus buenas cualidades: generosidad (nos trajo un regalito de sus vacaciones en Europa), su disposición para sacarme de mis enredos frecuentes en la computadora, la amplitud de su conocimiento técnico. ¿Por qué no aprecié esas cualidades antes? Hummm.

Me di cuenta que porque había resistido mi deseo de pelear, ella se sintió lo suficientemente cómoda debido a mi respeto (percibido) por ella que se arriesgó a abrirse conmigo. Le di gracias a Dios por haber mantenido mi lengua amarrada. La semana siguiente, llegué a la oficina y encontré una grabadora y cinta adhesiva en mi escritorio. Pronto, un reloj apareció en la pared al cruzar de mi mesa de tratamiento y, eventualmente, una silla se abrió paso hasta mi área de trabajo. Y lo mejor de todo, Lorna me toleró mientras le hablaba de mi mejor amigo, Jesús.

No todo fue exactamente «y fueron felices para siempre» entre nosotras, pero mis ojos fueron abiertos a la sabiduría secreta del Señor al moverme hacia la sumisión intencional y *no* empeorar la situación mientras Él trabajaba en el corazón de Lorna con asuntos que no había forma que yo conociera. «Hay cosas que Dios mantiene en secreto, y que sólo él conoce» (Deuteronomio 29.29 TLA).

¿Sabes qué aprendí? Someternos a otros se reduce a un asunto de confiar que el Señor, a fin de cuentas, es quien está en control.

Cuando decidimos someternos a alguien que tiene autoridad sobre nosotros, realmente nos estamos sometiendo a Dios. Si Él realmente *está* en control, Él organiza los canales de autoridad en los que vivimos, trabajamos y funcionamos. Como creyentes, nuestra meta máxima es parecernos más a Cristo, y Cristo ejemplificó la sumisión dispuesta a Su Padre al humillarse a sí mismo hasta el punto de morir.

¿Recuerdas la escena de la película clásica *Princess Bride* (¡una de mis favoritas!) cuando Buttercup empuja a su rescatador enmascarado cuesta abajo hasta el pantano en fuego y de repente se da cuenta que él es nada más y nada menos que el «dulce Wesley», el verdadero amor de ella, y a quien creía muerto? En lugar de tratar de salvarse a él mismo mientras va rodando sin parar, las simples palabras de sumisión de Wesley fueron: «Como tú quieras».

Él estaba dispuesto a pagar las consecuencias si eso era lo que el amor exigía de él.

Que el «como tú quieras» se convierta también en nuestro credo, motivado por el amor, a medida que nos sometemos a Filipenses 2.3 y nos humillamos hasta el punto de ver a los demás como más importantes que a nosotras mismas.

La verdadera fortaleza está en la sumisión, pues permite que alguien dedique su vida, a través de la devoción, a algo que está más allá de sí mismo.

HENRY MILLER

DES-ESTRESÉMONOS

1. ¿Los pantis de quién quieres prender en fuego?

2. ¿Tienes problemas con la sumisión intencional? Describe tu riña más reciente. ¿Quién ganó la batalla? ¿Quién está ganando la guerra?

3. ¿Qué «cosas en secreto» podría estar tratando Dios a través de esta relación?

Gris: el nuevo rubio
(PREOCUPACIÓN)

¿Quién de ustedes, por mucho que
se preocupe, puede añadir una sola
hora al curso de su vida? Ya que no
pueden hacer algo tan insignificante,
¿por qué se preocupan por lo demás?

LUCAS 12.25–26 NVI

Cuando escucho a mujeres de mi edad refunfuñando porque descubren todas las mañanas una nueva cana reflejada en el espejo, simplemente sonrío serenamente y digo: «¡Ah! Eso es trivial para mí. Nunca me llenaré de canas».

En este momento, o se voltean con una expresión de pregunta en sus ojos o con un machete, y me dicen: «¿Cómo puedes estar tan segura?».

«Realmente, es muy sencillo», respondo con gracia y seguridad, mientras acaricio mis rizos dorados: «Pago buen dinero para ser una rubia natural».

El único problema es que mis greñas con su color imitación de rubio (gris de incógnito) parecen alambres crespos y rizados, y a menos que no pase un tiempo precioso planchándolas como pelo *real*, parezco un Chia Pet amarillo. Realmente no puedo comprender cómo un Dios compasivo permite que las hormonas nos gasten esta broma tan perversa en el pelo según vamos envejeciendo. ¿Por qué las canas tienen que retoñar como los amarres que torcemos para cerrar el paquete del pan? ¿No es lo suficientemente malo que las otras partes de nuestro cuerpo o estén viajando hacia el sur o se estén expandiendo como fideos en una olla?

Preocuparnos porque ejércitos de canas se estén infiltrando en nuestra cabeza es contraproducente. Solo perpetúa el problema y resulta en un mayor parecido a María Antonieta. O a Steve Martin. O, en mi caso, a Alan King.

Además, existen muchísimas otras cosas por las que podemos preocuparnos. Y yo debo entenderlo muy bien; me agarro de la mortificación como un cocodrilo a un ganso. Con el paso del tiempo, he perfeccionado el arte de la preocupación hasta convertirlo en una ciencia. Sistemática y diligentemente he hecho montañas de granos de arena. Me he preocupado por cargas molestosas hasta que invaden mis sueños.

Sin embargo, he llegado a la conclusión de que Jesús tiene toda la razón en el pasaje al principio de este capítulo (un enorme *eh* —¿acaso Él no tiene siempre la razón?). Me gusta mucho la Traducción Lenguaje Actual: «¿Creen ustedes que por preocuparse mucho vivirán un día más? Si ni siquiera esto pueden conseguir, ¿por qué se preocupan por lo demás?».

De verdad, ¿para qué tanta preocupación?

Esto es en realidad una forma de egocentrismo: preocuparnos, obsesionarnos, formar alboroto... simplemente nos mantiene enfocadas en *recibir* en lugar de *dar*. De alguna manera pensamos que rumiando en un problema vamos, repentinamente, a obtener una perspectiva sobre cómo manipular las circunstancias para hacer que ocurra algo milagroso. Como si nuestra preocupación pudiera, de algún modo, mover la mano de Dios y cambiar las cosas en la dirección que nosotras queremos.

Tal vez debemos simplemente presentar nuestra solicitud para la posición de Reina del Universo, y así lo solucionamos. Si estuviéramos a cargo, por lo menos no estaríamos rumiando nuestras preocupaciones una y otra vez, como una vaca *Guernesey* regurgitando su bolo alimenticio. Nosotras sabríamos qué hacer. En palabras de Terri Guillemets: «No puedes preocuparte cuando te encaminas a la iluminación».

La preocupación nos puede cambiar en formas intangibles; en maneras negativas, que pueden alterar nuestra personalidad. Nuestra felicidad se escurre como el agua en un fregadero sin tapón, y la esperanza es reemplazada por angustia y temor.

Podemos comenzar a hablar demasiado (agresividad) o muy poco (retraimiento). Perdemos el contacto con el hoy, y en su lugar, nos lamentamos por el ayer o queremos cambiar el mañana.

Como resultado, nos sentimos apáticas, agotadas. También podemos sentir dolor o molestia, inducidos por el estrés, en nuestros órganos, músculos o articulaciones. Se cree que muchas enfermedades sistémicas, como la fibromialgia, la esclerosis múltiple o el lupus, se agravan a consecuencia de la preocupación, el estrés, la fatiga o un estilo de vida desequilibrado.

En medio de la preocupación, también se deterioran nuestra capacidad de escuchar. No podemos escuchar que nuestros propios cuerpos nos están gritando por atención. Sepultamos las punzadas, los nervios y las migrañas con pastillas, antiácidos, cafeína, o mi sedante favorito, chocolate. Tampoco escuchamos bien a los demás. La susceptibilidad femenina que Dios nos dio se debilita cuando estamos preocupadas hasta el tuétano y no captamos lo que hay detrás de las palabras. Tendemos a llegar a conclusiones equivocadas, y con frecuencia imaginamos lo peor de las personas.

Por ejemplo, en lugar de captar la súplica por compasión no expresada detrás de la petición de una vecina para que lleves a su hijo a la escuela, inmediatamente decides que ella es una egoísta que no tiene idea de lo apretada que ya está tu agenda. Se te ponen los pelos de punta en lugar de compadecerte. En consecuencia, o te resientes o la evitas. La relación puede haberse dañado irreparablemente cuando, en realidad, la hubieras ayudado de inmediato si supieras que su matrimonio está en problemas y que va a perder su trabajo si llega tarde una vez más.

Cuando nos preocupamos crónicamente, no vemos lo que *realmente* está ocurriendo; la verdad se oscurece por las mentiras que escogemos creer. Está bien. Todo está perfecto. Seguro, estoy agotada y me siento miserable ahora mismo, pero me sentiré mejor la semana que viene. El mes que viene. El año que viene.

Mi hermana, es hora de que hagas algo *hoy* con esa esclavitud a la preocupación.

¿Cómo podemos cerrar ese agobiante grifo de preocupación? El primer paso es entregarle tus preocupaciones a Jesús. Cuando tus manos comienzan a apretarse o la grabadora de obsesión mental repite la historia por décima vez, deja tus problemas al pie de la cruz. Jesús los quitará de tus manos. Repite este proceso cada vez que intentes recogerlos otra vez.

Luego, cambia de canal. La distracción es tu amiga. Cuando siento que mis entrañas están comenzando a agitarse, salgo a dar una caminata para oración o a correr bicicleta para cambiar de escenario y tener un respiro mental de aire fresco. Algunas encuentran paz escarbando en el jardín. Otras se sumergen en la cocina, en el baile o en el arte. Y hasta —difícil de creer— en las tareas domésticas. Mi amiga Lisa pone música de adoración a todo volumen y enciende la aspiradora. El insumo positivo reduce el insumo negativo. No hay manera de comerte las uñas cuando estás estregando el piso.

Sumergirte en la música es una excelente manera de soltar las preocupaciones insignificantes. Estudios han concluido que la música induce cambios positivos en la presión sanguínea, la temperatura corporal, el corazón, el ritmo respiratorio y, más importante aún, las hormonas producidas por el estrés. Relajarte con tu música favorita puede definitivamente tener un efecto tranquilizante y sanador en los nervios alterados. Entonces, ¿por qué no parar justo ahora y buscar tu música preferida para el auto, la oficina o la sala? Dondequiera que necesites que sus dedos musicales y relajantes te den un masaje, mantenlos cerca.

Escribir tus preocupaciones es una herramienta efectiva para romper el ciclo de preocupación. Escribir en un diario es catártico en muchos niveles; realmente reduce el estrés y te ofrece una perspectiva clara para resolver problemas en lugar de solo rumiar en ellos. Escribir sobre tus frustraciones no solo te da la oportunidad de expresar las emociones que te incomodaría verbalizar, sino que con frecuencia te ayuda a organizar tus pensamientos para poder lidiar mejor con ellos. Y tu diario te puede servir como un trampolín para tus peticiones de oración y monitorear las maravillosas respuestas del Señor.

Escuché sobre un pastor que les dio instrucciones a los miembros de su congregación para que escribieran todas sus preocupaciones y las guardaran en una caja de zapatos en una tablilla en su clóset. No podían mirar las notas hasta el final de cada mes. Para la segunda semana, la gente comenzó a olvidarse de ellas. Ya para la cuarta semana, muchos asuntos se habían resuelto por sí mismos y no eran un problema.

«No se preocupen por nada» (Filipenses 4.6 NTV) cobra un nuevo significado cuando entiendes el hecho de que la ansiedad no hace nada por ti.

Todas las noches le entrego a Dios mis preocupaciones.
Comoquiera Él va a estar despierto toda la noche.

MARY C. CROWLEY

DES-ESTRESÉMONOS

1. Piensa por un momento: ¿Cuáles eran tus tres preocupaciones principales para esta fecha, el año pasado? Estás por encima de la norma si puedes recordar más de una. ¿Qué te dice eso sobre la naturaleza transitoria de la preocupación?

2. Mark Twain dijo: «Saca tus pensamientos de tus problemas... por las orejas, por los talones o de cualquier otra manera que puedas hacerlo». Piensa detenidamente en tres maneras prácticas en las que puedes distanciarte de tus preocupaciones.

3. Lee Isaías 46.4. ¿Cómo las palabras tranquilizadoras de Dios que dicen que Él va a cuidar de ti cuando tienes nieve en tu techo afecta la manera en que vives hoy?

Una vida con menos desorden y conflictos
(ORGANIZACIÓN FAMILIAR)

Porque Dios no es un Dios de desorden sino de paz.

1 CORINTIOS 14.33 NIV

El programa de televisión *Kate plus Eight* se queda corto ante mi amiga Tammy. Mamá de once hijos, incluyendo uno con incapacidades severas que requiere cuidados 24/7, Tammy y su esposo Scott, supervisor de proyectos para una compañía de comunicaciones, criaron a los primeros nueve de sus hijos en una casa de cuatro dormitorios, dos baños en un pequeña urbanización donde la familia promedio se componía de cuatro miembros.

En el 2002, Dios les bendijo con una casa de 3,000 pies cuadrados, que construyeron en doce acres de colinas cubiertas de pastizales. Las vacas pastando añaden manchitas a los campos verdes a cada lado de una sinuosa carretera de tierra que sube hasta la casa de dos niveles, con su acogedor balcón delantero.

Se requiere una organización extraordinaria para evitar que implosiones cuando tienes una niña y siete varones revoltosos entre los cuatro a quince años —todos educados en casa— que todavía viven contigo. Una hoja computarizada con las tareas por hacer cubre la puerta de la nevera, junto a un afiche con estrellas que ofrece incentivos positivos para mantener a los chicos al tanto de sus responsabilidades individuales. Las tareas incluyen cuidar de dos perros, vacas, ovejas y gallinas de la familia.

Todo el mundo en esta casa ayuda con la ropa, los trastes, la cocina y la limpieza. En la cocina hay una mesa estilo picnic de diez pies de largo siempre lista, los platos están apilados, los vasos están diferenciados por colores y los trastes sucios se lavan tres veces al día. Tammy rota la lista de tareas según las destrezas, preferencias y necesidades de sus hijos.

Por ejemplo, a Samuel, de trece años, le gusta cocinar y se ha convertido en un chef consumado, pero tiende a ser algo *desordenado* en la preparación de los alimentos. Así que Tammy lo rota para que haga la limpieza de la cocina para que así cobre conciencia de las repercusiones del desorden. Estas no son cosas insignificantes. Ella sabe que le está enseñando hábitos para toda la vida.

Mirando con cariño directamente a los ojos verdes de Samuel, Tammy define sin rodeos las razones para el orden de la tarea: «Primero, limpia la mesa y los enseres para que cualquier pedazo de comida caiga al piso; luego recoge los desechos grandes y pegajosos del piso, antes de barrer para que la escoba no se quede pegada. Mapea al final, cuando te asegures que todos tus hermanos se han marchado de la cocina, o todos los pasos anteriores tendrán que repetirse».

Con una sonrisa alentadora, le dice: «¿Entendiste?».

Él afirma con la cabeza y comienza a trabajar. Tammy acaba de enseñarle a un hombre a pescar para toda la vida en lugar de pinchar con el tenedor la atrapada del día. Puedes estar segura que su futura esposa va a sentirse muy feliz con esta lección.

Después de veintitrés años de ensayo y error, Tammy dice que su estilo de crianza es más *discipular* que *disciplinar*. La consistencia, el evaluar los problemas con calma y tomarse el tiempo para explicar las razones para la conducta esperada le permiten mantener el orden y el enfoque en la dimensión espiritual de cada aspecto de su vida familiar. «Es posible que el conflicto sea normal», ella admite, mientras acomoda un mechón de cabello castaño detrás de la oreja, «pero no es lo que Dios quiere».

Entonces, ¿cómo una madre de once hijos maneja el estrés?

«Bueno, he intentado gritar», admite de inmediato, «pero no me resulta. La clave está en reconocer que no puedes hacerlo por tus propias fuerzas. Así quedas totalmente dependiente en la gracia de Dios y Él nunca te falla».

Para asegurarse de que su reserva de gracia no se agote, una de las prioridades de Tammy es pasar tiempo diario con su Señor. Ella y Scott se levantan a las seis de la mañana, con la invitación del sonido de la cafetera y una pequeña neverita escondida en una esquina de su dormitorio. Juntos disfrutan de una hora privada leyendo la Biblia, conversando y orando juntos antes de que los muchachos se levanten a las siete. «Ellos saben que este es nuestro momento especial y que no pueden interrumpirlo. Les animamos a ellos también para que lean sus Biblias y oren antes de bajar a desayunar a las 7:30».

Además de los quehaceres y la hora de recreo obligatoria fuera de la casa en la mañana y en la tarde, se pasan el día típico entre libros, proyectos y tareas escolares en una de las diez habitaciones de la casa que ha sido designada como salón de clases. Los más chicos trabajan entre paredes cubiertas de mapas y libreros muy bien surtidos, mientras que los mayores se acomodan en la enorme mesa de la cocina.

El tiempo libre produce juegos, rompecabezas, juguetes imaginativos, incluyendo algunas creaciones con Lego increíblemente elaboradas. Se mira televisión solo esporádicamente, y los juegos en la computadora están reservados para los sábados. Los viajes familiares para acampar se anticipan con mucha emoción.

«Definitivamente me encanta enseñarles en casa», dice Tammy, con pasión en su voz. «Después de haber tratado la educación pública y privada con mis hijos mayores, nunca haría otra cosa. Me encanta enseñar a mis hijos desde una perspectiva bíblica; queremos enfocarnos en estos años fundamentales de desarrollo y prepararlos para lanzarlos al mundo para Cristo.

»Es importante que los padres conozcan qué es lo que está entrando y saliendo de la vida de sus hijos. Si no lo hacemos...». Mientras hace una pausa, baja su mirada, dejando entrever una herida invisible en algún punto de su pasado. «...el mundo puede ganarlos».

Scott toma seriamente el mandato bíblico de ser el líder espiritual de su familia. Él dirige las devociones familiares cada noche, que incluyen cánticos, lectura bíblica, diálogo y oración. Para añadir variedad, algunas veces se incluyen videos de entrenamiento bíblico y mensajes de audio sobre aspectos de la fe.

¿Y qué de tiempo para «mí»?

Tammy encoge los hombros. «Después que todo lo demás está hecho. El maquillaje está al final de la lista, como puedes notar», dice riéndose, y sin una gota de maquillaje en su rostro. «Scott y yo recién comenzamos a correr bicicleta juntos todos los días, y tratamos de tomar una noche solo para nosotros todas las semanas. Los muchachos más grandes cuidan a los más chicos, y nosotros nos escapamos para conversar sobre nuestras metas y sueños, y reírnos de las historias de guerra desde las trincheras de nuestra vida de locura».

Tammy aspira a pasar diariamente tiempo individual con cada uno de sus hijos, aunque con una familia tan grande como esta compartir momentos con mamá —así como espacio y pertenencias— y con los hermanos es todo un proceso. «Aprender a demostrar amor y paciencia entre cada uno de nosotros es un estilo de vida necesario en nuestra familia», comenta Tammy, mientras las pequeñas cabecitas a su alrededor lo confirman.

Por mucho tiempo, la vida familiar ha girado alrededor de Caleb, quien hoy día tiene quince años y desde su nacimiento ha sido incapaz de hablar o cuidarse por sí mismo. Muchas hospitalizaciones para procedimientos médicos dolorosos requirieron que la familia se separara, a veces por periodos de largas semanas, cuando Tammy o Scott —o ambos— nunca se alejaron de su lado. Los otros hijos tuvieron que asumir más responsabilidades para ellos mismos y para sus hermanos durante el tiempo cuando por poco pierden a Caleb.

Tammy recuerda un «momento del tipo Abraham» decisivo que puso de rodillas a toda la familia.

Los doctores no le daban esperanza a Caleb. «Estábamos destruidos, pero decidimos dejarlo ir y entregarlo completamente a Dios. Nos sentimos como Abraham debió sentirse cuando enfrentó la posibilidad de enterrar a su hijo [ver Génesis 22], pero aún así decidió confiar en Dios, cualquiera fuera el desenlace».

Los ojos de Tammy resplandecen cuando recuerda la descripción de la recuperación de Caleb que hizo el neurocirujano: «Intervención divina».

Scott y Tammy creen que el haber crecido con un hermano con necesidades especiales les ha enseñado a los hermanos de Caleb compasión, a creer en milagros y, más importante aún, que no importa en qué condición te encuentres, siempre puedes llevar a alguien a los pies de Cristo. Siete enfermeras han entregado sus vidas a Cristo mientras han tratado a Caleb. Gabe, de doce años, resume mejor que nadie la actitud de la familia: «Un poco de dificultad no hace que sea *difícil*».

Entonces, ¿qué lecciones sobre la organización podemos aprender y aplicar de esta extraordinaria familia?

+ Establece un plan. Dirigir una casa desde la sentadera de tus pantalones solo produce caos y frustración.
+ Convierte tu tiempo diario con Papa Dios en una prioridad. Tener la agenda llena no es excusa. Si es importante para ti, vas a encontrar el tiempo.
+ No importa cuán organizada seas, eventualmente algo va a salir mal. No dejes que esto te enloquezca. Espéralo. Asume el control de tu actitud para que así tu actitud no te controle. Repite el lema de Gabe: «Un poco de dificultad no hace que sea *difícil*».
+ Renueva consistentemente tu reserva —tu nivel de dependencia en la gracia y paciencia de Dios se refleja en tu gracia y paciencia hacia los demás.

No he fracasado. Simplemente he descubierto
10,000 maneras que no funcionan.

THOMAS EDISON

DES-ESTRESÉMONOS

1. Tammy es una mujer ordinaria con una actitud extraordinaria. ¿Cuáles consejos de organización puedes tomar prestados para aplicarlos a tu familia?

2. ¿Cómo crees que una familia de trece puede separar tiempo diariamente para compartir devociones familiares a pesar de «un poco de dificultad»?

3. ¿Qué haces para renovar diariamente las reservas de fe de tu familia?

Sección 2:

Desarrolla un sentido del humor

(Porque si no tienes humor, ¡probablemente tampoco tienes mucho sentido!)

CÓMO VENCER LOS TEMORES QUE NOS ROBAN LA ALEGRÍA POCO A POCO

Dejé de creer en las encuestas desde que leí que el 62% de las mujeres tuvieron aventuras amorosas durante su hora de almuerzo. Nunca he conocido a una mujer que cambie el almuerzo por sexo.

ERMA BOMBECK

Los cuarenta que dejamos atrás: años, no acres

(CONVIRTIÉNDONOS EN UNA ABUELITA QUE ANDA ARMADA)

Y seguiré siendo el mismo cuando sean viejos; cuando tengan canas, todavía los sostendré.

ISAÍAS 46.4 DHH

Me encanta la historia sobre la abuelita que salió del supermercado y se encontró a cuatro hombres subiéndose en su auto. Los hombres huyeron cuando sacó una pistola de su cartera y la agitó en el aire, diciendo: «¡Tengo un arma y sé perfectamente cómo usarla!».

Mientras acomodaba su compra en el asiento trasero, la mujer vio una bola de fútbol, un *frisbee* y dos paquetes de cerveza. En ese momento vio su auto estacionado cuatro espacios más adelante.

Tremenda metida de pata.

Cuando llegó a la estación de policía para informarles de su error, se topó con cuatro hombres pálidos reportando un robo de auto a mano armada por una vieja loca, que medía menos de cinco pies, llevaba anteojos, pelo blanco rizado y que cargaba una enorme pistola.

Bette Davis tenía razón: «La vejez no es para cobardes».

¡Eh! No tenemos que cargar una pistola para convertirnos en abuelitas armadas. La *actitud* es nuestra arma secreta, mientras exploramos los cuarenta que dejamos atrás. ¿Los cuarenta que dejamos atrás? Ya sabes, esos años misteriosos al otro lado de la cuesta.

El lado lejano de la cuesta se acerca sigilosamente cuando todavía estás jadeando y sudando la gota gorda en tu intento por agarrarte de la subida. En la cumbre de la cuesta, pasas esa edad del medio siglo; los hijos ya crecieron, la gente, el trabajo y las responsabilidades ya no te estás halando en mil direcciones a la misma vez (por lo menos no tanto como antes), y tienes un poquito más de espacio para redescubrirte a *ti*. Respiras hondo, te sonríes y te acurrucas con un buen libro y un café mocha triple.

De repente, el suelo se estremece debajo de tus pies y vas rodando por el otro lado de la cuesta. Las hormonas desaparecen, reaparecen las libras perdidas, la memoria se desintegra y el rostro que te mira desde el espejo se parece muchísimo a tu tía abuela Hilda.

Las arrugas se forman en el silencio de la noche. Y si presto atención, hasta puedo escuchar cómo mi piel se va arrugando y plegando, mientras me paro de la cama para ir al baño en la madrugada. La creación del mundo probablemente sonó con esto, mientras Dios muy animadamente excavaba ríos, zanjas y valles de la tierra lisa y sin manchas.

Esto me recuerda la noche después de haber empapelado el cuarto de cuna de mi hijita sin haber usado suficiente pegamento. La pobre bebé no podía dormirse, y gritaba a todo pulmón. Me senté en el sillón a lactarla a las cuatro de la madrugada, y descubrí la razón. Los crujidos más extraños comenzaron a acecharnos desde todas las esquinas de la habitación; simplemente escalofriante. Sonaba como si unas serpientes enormes se estuvieran arrastrando dentro de las paredes. Cuando amaneció, cada hoja del papel decorativo se había despegado de la pared, arrastrándose hasta el piso en un montón de pliegues de desgracia.

¡Una pena que las hojas de arrugas en mi cara no sigan el ejemplo!

Una vez que esas arrugas (eh, prefiero pensar que son huellas de sonrisas) se asientan en el tejido de nuestro ser, no existe una buena manera de plancharlas (excepto cirugía plástica). ¡Mi gaveta atestada de cremas antiarrugas y ungüentos para afirmar la piel de los ojos da fe de esto!

Y quiera Dios que no fallemos la puntería cuando nos ponemos mascara... borrar esa mancha errante de esa piel flácida debajo del ojo es como tratar de limpiar crema de fresas de un *cheesecake* derritiéndose.

¡Simplemente se riega y se embarra más! Mientras más vieja me pongo, más me parezco a un jugador de fútbol americano que se pinta la cara con grasa antes de un partido importante. Ni siquiera puedo garabatear un versículo bíblico como mi héroe de fútbol, Tim Tebow (me gradué de la Universidad de Florida, clase del '79; goooo Gators!).

Debe existir alguna manera de usar la gravedad para nuestro beneficio. Tal vez si nos deshacemos de nuestros sostenedores, la gravedad nos halaría las arrugas del rostro. Pero entonces tendríamos que esconder nuestros senos en las medias que nos llegan hasta las rodillas para evitar tropezar con ellos.

Algunas mujeres le ponen freno al descenso corriendo otra vez cuesta arriba. Como la española de sesenta y seis años que se sometió a una terapia de hormonas para rejuvenecer su útero y parió gemelos luego de haber estado dieciocho años en menopausia. No es broma.

Ay, ay, ay. ¿Te imaginas confundiendo las vitaminas de bebé con tu Geritol? ¿O preparando su biberón con jugo mientras te tragas tu dosis mañanera de Metamucil? ¿O viendo cómo le nacen sus nuevos dientes mientras los tuyos están remojándose en un vaso con Efferdent?

Ahora bien, Sara tenía noventa años cuando Dios le concedió el deseo de su corazón y dio a luz a Isaac (ver Génesis 21). Estoy segura que nunca se quejó por intercambiar su silla de ruedas por un cochecito de bebé. Después de todo, Dios está en el negocio de hacer milagros y es «*Aquel* que es poderoso para hacer todas las cosas mucho más abundantemente de lo que pedimos o entendemos, según el poder que actúa en nosotros» (Efesios 3.20 RVR1960, énfasis añadido). Ese poder, por supuesto, es Su poder enorme e invencible.

¿Acaso no te deleitas en la promesa que hay en la emocionante frase, *mucho más abundantemente*? ¡Hay esperanza para nosotras! ¡Tú y yo *sí* podemos ser la Cenicienta! Por medio del poder de Papá Dios obrando en nosotras, podemos transformarnos en una nueva y mejorada versión de nosotras mismas que va más allá de nuestra imaginación más extravagante.

Soy prueba fehaciente de que la edad es solo un número. Comencé a escribir a los cuarenta y cinco años, cuando mi pajarito menor voló del nido. Mientras esperaba en la oficina de un dentista, orando sobre qué hacer con mi vida, escuché la voz quieta y apacible de Dios susurrándome que finalmente había llegado el momento de ir tras el sueño de toda mi vida que era convertirme en escritora. Hoy día, ocho años, cien artículos y trece libros más tarde, mi corazón estalla con sus bendiciones *mucho más abundantemente* de lo que jamás soñé.

Nunca es demasiado tarde para convertirnos en abuelitas armadas, siempre y cuando alberguemos actitudes de expectativa, asombro y emoción sobre lo que podemos encontrar al dar la siguiente curva en la carretera. ¿Qué cosecha, más allá de los cuarenta, tiene Papá Dios guardada para ti?

> Ella no es gallina; está del lado equivocado
> de los treinta, si fuera un día.
>
> JONATHAN SWIFT,
> AUTOR DE *GULLIVER'S TRAVELS*

DES-ESTRESÉMONOS

1. ¿Qué te imaginas haciendo a los sesenta años? ¿Y qué cuando tengas ochenta?

2. Si tu vida continúa en su rumbo actual, ¿qué cosas desearías algún día haber hecho? ¿Cuáles dones y capacidades lamentarías no haber desarrollado?

3. Nombra dos áreas de tu vida en las que Dios te ha bendecido «mucho más abundantemente» de tus expectativas. Mientras

chapoteamos en la alberca de estrés de la vida, tal vez no nos *sentimos* bendecidas, pero definitivamente *sí* somos bendecidas. Agradécele a Dios por su ternura, cuidado y provisión.

Una vida de risas
(HUMOR EN LAS TRINCHERAS)

Si estamos locos, es por Dios.

2 CORINTIOS 5.13 NVI

Los recién planchados manteles de lino y la vajilla reluciente para el almuerzo en el country club me hacían sentir como una princesa real. El que me hubieran invitado para hablar ante la Sociedad de Mujeres Artistas e Inteligentísimas (nombre cambiado para proteger la arrogancia), me resultaba muy emocionante. A parte de McDonald's, no como afuera con mucha frecuencia.

Toqué ligeramente las comisuras de mi boca con la servilleta de tela blanca, mientras un mesero almidonado se paseaba cerca, listo para rellenar mi copa con té helado. El delicado croissant con ensalada de pollo y el tazón con una cremosa sopa de almejas que me habían servido acaparaban toda mi atención.

La reportera sentada justo al otro lado de la mesa me preguntó sobre la fecha de publicación de mi próximo libro, y la aclamada artista sentada al lado de ella intervino también con su pregunta. Ambas meticulosamente peinadas y maquilladas, me miraban serenamente, esperando con paciencia mientras yo intentaba deshacerme de una cucharada de sopa en mi boca.

Pero algo andaba mal. Los pedacitos de papa desaparecieron sin problema por mi tráquea, pero una almeja gomosa —demasiado grande para tragármela completa y demasiado cartilaginosa para masticarla apropiadamente— seguía brincando entre mis dientes como un «pinball».

¿Qué hacer? Tragarme la almeja y arriesgarme a conocer a mis nuevas amigas de la alta sociedad íntimamente a través de un abrazo Heimlich? Para nada era una opción. Las buenas damas estaban esperando.

Sonriendo tontamente, seguí masticando. Mastiqué, mastiqué y mastiqué. Aquella almeja parecía una goma de mascar con súper poderes. La reportera comenzó a lucir aburrida y la artista arqueó su ceja izquierda perfectamente arreglada, como si estuviera cavilando sobre una idea filosófica muy profunda. Finalmente, mientras se miraban perplejas entre sí, aproveché la oportunidad para escupir aquel bolo alimenticio en mi servilleta.

Aquella masa de marisco se sintió tibia en la palma de mi mano, mientras la aseguraba dentro de la servilleta en mi regazo. Todo estaba bien mientras conversaba con mis vecinas, hasta que el mesero reapareció y me ofreció un plato con un delicioso pastel de chocolate.

Sin pensarlo dos veces (mi reacción habitual frente a un postre), tomé el plato con ambas manos y, al hacerlo, liberé a la almeja prisionera. Y de mi servilleta enrollada salió aquel pedazo de almeja masticada y fue a caer justo encima de la cartera que colgaba de la silla de la dama que estaba sentada a mi lado.

Era una Gucci.

El único testigo fue el mesero pasmado, que se enderezó, inhaló profundamente, se volteó y se retiró a la cocina, sin duda para entretener al chef con su historia de no-vas-a-creer-esto.

Mi mente frenética se aceleró. ¡Tenía que deshacerme de aquella almeja detestable!

Providencialmente, una de las señoras estaba entreteniendo a mis elegantes compañeras de mesa con una historia divertida. Con una sonrisa entre dientes muy cortés, abrí mis brazos en un gesto de alegría incontenible, y tiré estratégicamente aquella almeja asquerosa debajo de la mesa. La condenada almeja rebotó contra el mantel y fue a caer sobre la lujosa alfombra detrás de mi silla.

Casi me quedé sin respiración. Una oleada caliente se apoderó de mí. *¡Piensa, Debbie!*

Horrorizada, me excusé para ir al baño, preguntándome si podía fingir que tenía un cordón de zapato suelto y así poder bajarme y desaparecer la evidencia de mi crimen. Me miré los pies. No era un buen plan. Llevaba puestos tacones.

Mientras me paraba y me volteaba para enfrentar mi destino humillante, una planta en su tiesto, en una esquina a unos seis pies de distancia, capturó mi atención. ¡Gracias, Señor! Tú *sí* provees a tus hijas en necesidad. Sin pensarlo dos veces, y usando mi mejor golpe de fútbol, pateé la dichosa almeja y salió disparada en línea directa hasta aterrizar detrás del jarrón de cerámica donde estaba la planta. Miré alrededor de inmediato y no vi a ninguna testigo aparente. Todas estaban enfocadas en su pastel de chocolate.

Con un gran suspiro de alivio, me escapé al baño, respirando más aliviada con cada paso que daba. Justo cuando pasaba frente a la puerta de la cocina, el mesero apareció. Mirando directamente hacia el frente y sin la más mínima sonrisa en los labios, susurró: «¡Gol!», antes de hacerme un guiño conspirador.

El humor es importante. Es un catalizador para liberar en nuestras almas la rejuvenecedora alegría de Dios. El humor es el arma divina contra la preocupación, la ansiedad y el miedo. Es un poderoso ungüento para las rodillas desgastadas del espíritu... eso que nos sana, revitaliza y nos protege de las infecciones tóxicas como la amargura, el fracaso o la depresión.

La risa es nuestra cuerda de rescate cuando nos estamos hundiendo en el pozo de la rigidez, cuando estamos tan absortas en los detalles estresantes de nuestras vidas que nos estamos perdiendo la diversión. El sol no ha desaparecido simplemente porque las nubes lo están tapando temporalmente. A veces esos rayitos de esperanza están a la distancia de una buena carcajada.

Si no puedes arreglarlo, por lo menos ríete de ello.

ERMA BOMBECK

DES-ESTRESÉMONOS

1. 1. ¿Cuál fue tu momento más vergonzoso recientemente? ¿Todavía te resulta gracioso? A veces hace falta un poco de tiempo para ver el humor en una situación mortificante. Imagina tu situación a través de los ojos de Robin Williams, Chonda Pierce o Patsy Clairmont. ¿Cómo la describiría uno de ellos?

2. 2. ¿Qué te hace reír? ¿Tu perrito dando volteretas? ¿Las comedias? ¿Tu comediante favorito? Entonces, ¿cuándo fue la última vez que hiciste planes para una buena carcajada?

3. 3. ¿Por qué no patear la seriedad por una noche y planificar un buen rato de histeria? Incluye a las personas y las cosas (comida, juegos, películas, ropa ridícula) que te hacen reír y disfruta de un poco de diversión. ¡Apuesto que tu nivel de estrés bajará unos cinco pisos!

El chocolate hace que mis jeans se encojan

(DECISIONES SOBRE COMIDA)

*Cuando hayas comido y estés satisfecho,
alabarás al Señor tu Dios por la
tierra buena que te habrá dado.*

DEUTERONOMIO 8.10 NVI

Ok. Mi alma tiene ya suficiente sopa de pollo. Ahora necesita un poco de estímulo; ya sabes... un ajuste de actitud achocolatado, un batido de chocolate para la mente, subirme el ánimo con pedazos de chocolate.

Cuando escribí mi libro, *Mom Needs Chocolate*, mi mantra era «Dios, Godiva y amigas... ¿qué más necesitas?». Me sorprendió la multitud de mujeres que se identificaron con ese sencillo tema. Aparentemente, somos una sociedad de choco-hermanas secretas. Y algunas de nosotras no somos muy secretas.

Durante una escapadita de fin de semana con mi amiga Cheryl, visitamos una iglesia en la ladera de una montaña, un domingo en la mañana. Mientras nos estacionábamos y en un golpe de extraordinaria suerte, encontré en mi cartera una menta cubierta con chocolate amargo. Y solo llevaba tres meses en mi cartera. «¡Gracias Señor!», casi grito, mientras le sacudía el polvo y ponía en mi boca el anhelado dulce, justo cuando estábamos entrando al templo.

(Dicho sea de paso, para mí el chocolate es una necesidad médica. Padezco de CDD, trastorno por déficit de chocolate [por sus siglas en inglés]. Así que mi dosis apropiada de medicamento —una infusión de chocolate cada dos o tres horas— es muy importante para la estabilidad de mi temperamento y la salud mental de las personas que me rodean. Deberías tratar este diagnóstico por ti misma.)

Mientras Cheryl y yo saludábamos a la gente en el vestíbulo, todos nos recibían con manos extendidas y amplias sonrisas. Mientras les devolvía sus simpáticas sonrisas, noté que la gente de la iglesia retiraba su mano un poco más rápido de lo usual y algunas personas, de repente, descubrieron que sus zapatos tenían algo extremadamente interesante.

Seguí a Cheryl hasta el escaño mientras el pianista comenzaba a tocar el preludio. Cheryl se volvió para hacerme una pregunta, y sus ojos se abrieron como platos de cena y la risa se congeló en su rostro horrorizado.

«Deb, ¿estás masticando tabaco?».

«¿Quéeee?».

«Tus dientes están negros... ¡asustan!».

¡Oh, no! Me cubrí la boca con una mano. El chocolate amargo debe haberse infiltrado en mis frenillos dentales «invisibles». La única manera de quitar la mancha era estregar con un cepillo dental el aparato plástico transparente, que parece una dentadura postiza.

Mientras la congregación se ponía en pie para entonar la primera alabanza, le pedí instrucciones para llegar al baño a la dama que estaba a mi lado, mientras discretamente mantenía mi mano sobre mi boca, como si me estuviera rascando la nariz. Ella me señaló la puerta que estaba hacia el frente de la iglesia, justo a la derecha del púlpito. ¡Oh Dios, ten misericordia! Tenía que caminar por todo el pasillo, pasar por el lado del director de adoración que estaba moviendo sus brazos en adoración y prácticamente pasar por encima del ministro, cuya silla estaba bloqueando la puerta.

Justo en ese momento, el líder de adoración dio instrucciones para que los feligreses saludaran a sus apreciadas visitas durante la siguiente estrofa. Y con mucho gozo nos señaló a Cheryl y a mí como si fuéramos de la realeza.

Avergonzada, estampé en mi cara una sonrisa con labios cerrados, mientras asentía como si fuera una de esas muñecas que balancea la cabeza, y saludaba a docenas de rostros sonrientes. Tan pronto todo el mundo inclinó el rostro para orar, me saqué de la boca el aparato plástico embarrado de chocolate, escupí el ruedo de mi blusa y lo estregué ferozmente. Eso funcionó bastante bien, excepto por las hendiduras más profundas entre los dientes moldeados en plástico. Parecía como si hubiera delineado mis premolares con un Sharpie negro. O como si fuera una feliz motociclista que acaba de atravesar un enjambre de moscas.

Basta ya de dignidad.

¿Sabes que el norteamericano promedio consume 11.7 libras de chocolate cada año? ¡Ese es más o menos el peso de una silla de patio! Porque, si no fuera por el chocolate, casi no existiría la necesidad de los jeans que se estiran. Ni paneles de control. Ni subterfugio femenino.

Hablando en serio, ¿quién de nosotras no ha escondido Tootsie Rolls en un tiesto? ¿O ha guardado M&M en la botella de ibuprofeno? ¿O ha enterrado envolturas delatadoras de Snickers dentro de un papel toalla antes de ponerlas en la basura?

Una amiga, con una secreta choco-adicción, me confió que una vez su esposo estaba sacando la basura y no podía explicarse por qué había tantas latas vacías de glaseado de chocolate en el fondo de cada basurero. ¡El pobre no recordaba haberse comido ni siquiera un pastel!

Vi en una placa una definición maravillosa del poder femenino: «La verdadera fuerza está en partir con la mano una barra de chocolate en cuatro pedazos... y entonces solo comerse uno».

Y claro, hay asuntos de salud que hay que considerar en cuanto al consumo de chocolate. Ciertamente no planifico condenarme a una tumba antes de tiempo por negarme egoístamente a hacer el sacrificio de reducir mi consumo diario de barras Dove. Mira el caso de Peggy Griffith, de Abbotsham, Inglaterra. Esta enérgica dama de cien años dice que se ha comido treinta barras de chocolate cada semana (aproximadamente *cuatro diarias*) durante más de noventa años, lo que se traduce en más de 14,000 libras de chocolate.

¡Esta abuelita se las sabe todas!

Irónicamente, mientras manejaba recientemente a mi confitería local, escuché en la radio que unos científicos habían descubierto un extracto natural en el chocolate que limpia los dientes mejor que la pasta dental. ¡Seguro que lo creo! Ahora bien, si piensas en esto estadísticamente (como ya sabes, soy la reina de la ciencia de los casi-casi-datos), no tiene ningún sentido decirle que no al cacao cuando consideras que una barra de chocolate contiene más o menos 500 calorías. Si te comes solo una al día, son 3,500 calorías a la semana, lo que equivale aproximadamente a una libra de peso —un consumo de 156 libras en tres años. Para una mujer promedio que pesa 140 libras, eso quiere decir que sin el chocolate, hubiera desaparecido hace seis meses atrás. ¿Ves? ¡Nuestra vida misma depende del chocolate!

Hasta los investigadores de la Johns Hopkins University confirman los beneficios médicos del chocolate. Ellos descubrieron que el *flavanol* en el chocolate amargo diluye la sangre y ayuda a prevenir los ataques cardiacos y los derrames igual que la aspirina. No obstante, he aquí una pequeña advertencia: para igualar los efectos de una aspirina para bebé, la dosis tendría que ser dos barras de chocolate. Eso equivale a mil calorías adicionales *todos los días.*

Hum. Un intercambio de alimentos puede cuadrar esto. Por el bien de mi salud, estaría dispuesta a sacrificar todos los alimentos verdes, rojos y amarillos para acomodar un poco más de alimento marrón. No es mi culpa que resulten ser vegetales. ¿Sabes? Si los médicos implementaran este protocolo, el cumplimiento para el tratamiento con chocolate sería extraordinario, pero los efectos secundarios fastidiosos podrían incluir dentaduras postizas y quedarnos pilladas entre los carros en el estacionamiento.

Podemos darnos ese gusto exquisito, delicioso y cremoso, pero tenemos que mantener un balance. Un balance en nuestra nutrición, nuestras dietas y nuestras ansias de más y más.

Esta teoría fue reforzada recientemente mientras esperaba para pagar en el supermercado. Una ancianita delante de mí que estaba comprando medio galón leche, una docena de huevos y una libra de pan, echó un vistazo a la pila de comidas Lean Cuisine en mi carrito y a las tres barras gigantes de Cadbury encima de ellas. Su rostro arrugado de repente se iluminó con una tímida sonrisa. Mientras tomaba una barra de Hershey del estante de dulces, me dijo con una guiñada de complicidad: «La vida se trata de *balance*, ¿no es cierto, querida?».

Evita cualquier dieta que no fomente el uso de sirope de chocolate tibio.

DON KARDONG

DES-ESTRESÉMONOS

1. ¿Algunas vez te han atrapado en un vicio secreto? ¿Cómo lidiaste con la situación?

2. Lee Eclesiastés 5.18. Según Salomón, el hombre más sabio que jamás ha existido, ¿cuál es la mejor manera de vivir nuestras cortas vidas?

3. ¿Cómo encuentras balance en tus aventuras culinarias?

Telarañas en mi cubo de mapear
(CÓMO MANEJAR EL DESORDEN)

*Limpia primero por dentro el
vaso y el plato, y así quedará
limpio también por fuera.*

MATEO 23.26 NVI

En la región sureste de los Estados Unidos, las plagas (incluyendo a los niños) producen un estrés constante. Entre las colas de lagartijas descuartizadas (con frecuencia moviéndose todavía), redecillas de telarañas (mejor arriba de la cabeza que pegadas en la cara) y la tarea de separar la pimienta de los huevos de cucarachas, el reino animal que es nuestra casa siempre está en guerra.

De hecho, las cucarachas alemanas son más comunes que los bronceados en las casas floridanas. Esas pequeñas molestias han desarrollado resistencia a los insecticidas y no solo se niegan a tragarse las trampas con veneno, sino que también pasan el gen de inmunidad a sus hijitos (una hembra puede producir miles en un año).

¿Qué tal algunos datos divertidos adicionales sobre las cucarachas para que mediten en ellas esta noche? (Si te impresionan las historias de insectos, no leas el siguiente párrafo.) ¿Sabías que una cucaracha puede vivir hasta un semana sin su cabeza? (Conozco algunas personas que también tienen este talento.) Las cucarachas pueden sobrevivir una explosión nuclear de radiación hasta quince veces más fuerte que lo que aguantan las personas. Estas repugnancias pueden vivir cuarenta y cinco minutos bajo el agua y luego de haber estado congeladas por dos días. Y lo peor de todo, en algunos casos la hembra necesita aparearse solo una vez para poner huevos por el resto de su vida. Escalofrío.

Entonces, ¿qué podemos hacer si no podemos envenenarlas, atacarlas con una bomba nuclear, ahogarlas, congelarlas ni guillotinarlas? ¿Alguien ha intentado alguna vez obligarlas a escuchar discursos políticos? Tal vez no las mate, pero por lo menos se las llevaría lejos durante los años de elecciones.

Como las cucarachas, el desorden parece ser una maldición con la que algunas de nosotras luchamos por erradicar. Los seres humanos deben tener un gen de limpieza que salta algunas generaciones. La manía de limpieza de mi mamá dio un brinco por encima de mí y aterrizó directo sobre mi hija. Baby Cricket salió de mi barriga hecha toda una maniática de la limpieza. *No* toleraba un pañal sucio y se afligía si una gota de jugo manchaba su inmaculado babero. Por otro lado, mi hijo Matthew, se deleitaba en aquel bultito tibio y cómodo en su pañal y le encantaba hacer bolas de barro.

Cuando pequeñita, a Cricket le gusta regar talco de bebé por todo su cuarto —tocador, juguetes, closet, dentro de cada gaveta— solo para poder limpiarlo.

Matthew, por otro lado, heredó el pie plano de su padre y mi tendencia a postergar hoy las tareas que puede hacerse... nunca. Durante un lapso de cordura, me quedé una noche en su apartamento en la universidad, el que compartía con otros tres chicos de diecinueve años con exceso de testosterona. Durante aquella pesadilla tipo Stephen King, vi un insecto del largo de mi pie moviéndose por todos lados como Godzilla; descubrí los huesos fosilizados de un pterodáctilo debajo de la cama (ok, tal vez era pollo, ¿pero quién lo garantiza?); y en una visita al baño descubrí lo terrible que es la puntería que tienen los peloteros que nunca fallan en el diamante (¡ufff!).

Mi estadía en casa de la Familia Adams culminó cuando a las dos de la madrugada me levantó un terrible sonido que emanaba de la pila de trastes sucios que llevaba tres días en el fregadero. Lo que fuera que se estuviera moviendo allí debajo era lo suficientemente grande para hacer sonar un plato. Nausea.

Simplemente no puedo evitar identificarme con la mujer que se enfureció por el desorden de su hijo adolescente. Cuando él no quiso levantarse una mañana, ella comenzó a tirarle todo lo que estaba regado en su cuarto, incluyendo CD, una pelota de fútbol, una alcancía y un cuchillo *samurai* de dieciocho pulgadas que —¡tremenda metida de pata!— fue a caer directo en su nalga como si fuera un alfiletero.

¡Y te apuesto que se paró de la cama!

Entonces, ¿cuál es la respuesta para nosotras, las matronas del desorden? ¿Cómo nosotras, grandes damas del desorden, lidiamos con los estragos de la dejadez anárquica y evitamos que nuestros termómetros de estrés revienten como un volcán?

He descubierto la clave: tenemos que bajar nuestras expectativas. Sí, escuchaste bien. Pichea el perfeccionismo, pierde de vista el legalismo, desecha las comparaciones. Baila limbo debajo de esa vara autoimpuesta de limpieza perfecta. No estamos compitiendo por el premio de la casa más limpia. ¿A quién le importa si la llave de la ducha de la vecina brilla más que la tuya?

No estoy diciendo que debemos revolcarnos en porquerizas, pero cuando el perfeccionismo nos pone grilletes y el orgullo nos controla, nos convertimos en esclavas de nuestras casas. Nosotras no somos dueñas de ellas, las casas son dueñas de *nosotras*. Y eso no está bien. No es sabio. No le agrada a Dios.

«Saquen el mayor provecho de cada oportunidad en estos días malos» (Efesios 5.16 NTV). Dios quiere que invirtamos nuestros minutos preciados en la tierra con personas, no cosas. Enfócate en alcanzar a aquellos cuyas almas están en juego por la eternidad.

¡Y no me refiero a cucarachas!

La naturaleza aborrece los vacíos. Y yo también.

ANNE GIBBONS

DES-ESTRESÉMONOS

1. Nombra tu talón de Aquiles cuando de limpieza se trata. ¿Qué te enloquece?

2. En el plano de la nitidez, ¿te considerarías un modelo de impecabilidad, terriblemente deficiente o simplemente aceptable?

3. ¿Has sentido alguna vez que tu casa se ha adueñado de ti? ¿Qué pasos puedes dar para retomar el título de propiedad?

La humildad se cultiva
(Orgullo)

El orgullo termina en humillación, mientras que la humildad trae honra.

PROVERBIOS 29.23 NTV

Todo comenzó cuando Lisa, la esposa de mi amigo y terapista físico, Steve, los ofreció a ambos de voluntarios para asistir a una fiesta de disfraces como un futbolista y una animadora. Lo curioso era que *ella* se disfrazó de futbolista y *él de* animadora. Esto es particularmente gracioso si conoces a Steve —un profesional muy serio con un corte de pelo al rape perfectamente cuidado y zapatos deslumbradoramente lustrados.

Lisa consiguió almohadillas, casco, zapatillas deportivas y un jersey para su disfraz, y pompones y un megáfono para su esposo. Pero no tenía idea de dónde conseguir un vestido de animadora lo suficientemente grande para los seis pies, ciento sesenta libras de Steve.

Mientras Steve entretenía a sus pacientes en el centro de rehabilitación contándoles sobre los planes de su esposa, una dama cuarentona, de constitución grande (algo así como un *linebacker* de los Dallas Cowboys), se ofreció a prestarle su atuendo de animadora. Sabiamente, Steve decidió *no* preguntarle a cuenta de qué ella tenía algo así, pero para calmar a su esposa, aceptó a regañadientes la amable oferta de la señora.

El fin de semana previo a la fiesta, mientras Lisa estaba fuera de la ciudad en un viaje de negocios, Steve decidió probarse el disfraz. Giró y se tambaleó de aquí para allá hasta que comenzó a meterse dentro del vestido de animadora de una sola pieza. Pasó por su cabeza, pero cuando llegó al pecho se dio cuenta que había un *impasse*. La tela estaba atorada, toda apiñada como un torniquete, inmovilizándole los brazos a cada lado de su cuerpo y dejándolo tan inútil como un bolo.

Aquel enorme brazalete de presión sanguínea no se movía. Steve se contoneó y se retorció por veinte minutos, pero aquel obstinado vestido no se movía ni una pulgada para el sur ni para el norte. Steve intentó usar el teléfono para pedir ayuda, pero no podía doblar sus codos lo suficiente para colocarse el auricular en la oreja. Consideró cruzar a casa de los vecinos para pedirle ayuda, pero todo lo que llevaba puesto eran sus calzoncillos y el ridículo disfraz de animadora, que ahora parecía más una camisa de fuerza. No tenía manera de ponerse pantalones. Sin duda que la policía llegaría antes de él pudiera recorrer la mitad de la distancia hasta la puerta de entrada, y sus vecinos ciertamente jamás lo mirarían con los mismos ojos otra vez.

De repente Steve recordó que estaba por comenzar su programa *reality* de televisión favorito, y como las prioridades son así, Steve apretó el control remoto con el dedo gordo del pie y se sentó en el sofá. Era preferible mirar la realidad de otra persona que lidiar con la suya. Allí se quedó sentado, literalmente amarrado por la siguiente media hora, hasta que se dio cuenta que sus manos se estaban adormeciendo.

¿Qué hago ahora?

Nunca había enfrentado un problema como este ni en su carrera militar o en los años en la universidad. Ciertamente tampoco en la escuela de terapia física. Posiblemente podría marcar 911 con los dedos de los pies, pero explicar la situación al personal de emergencias riéndose incontrolablemente le parecía muy humillante. De hecho, *cualquier* solución posible en la que Steve podía pensar le parecía demasiado humillante.

Así que oró. Y Dios le recordó la historia de Sansón. «Así que Dalila tomó sogas nuevas y ató a Sansón con ellas. Los hombres estaban escondidos en otra habitación como antes, y de nuevo Dalila gritó: "¡Sansón! ¡Los filisteos han venido a capturarte!"; pero otra vez

Sansón rompió las sogas que le ataban los brazos como si fueran hilos» (Jueces 16.12 NTV). Steve se dio cuenta que él ciertamente no era Schwarzenegger, pero también sabía que Dios es el mismo ayer, hoy y mañana. Si el Señor le dio al Sansón del Antiguo Testamento una fuerza sobrenatural para escapar de una situación embarazosa, tal vez Él haría lo mismo con el Steve del siglo veintiuno. Así que respiró hondo, flexionó sus músculos, y para su sorpresa, rompió «las sogas» al estilo del increíble Hulk.

Claro está, tenía mucho que explicarle a la dama *linebacker*.

¿Acaso Dios no es creativo? Su versatilidad en medio de las situaciones orgullosas en las que nos metemos nos hace sentir verdaderamente humilladas. Él se encuentra con nosotras dondequiera que estemos —en el baño de la iglesia si tenemos un escape, cuando dejamos las llaves dentro del auto y está lloviendo, o estamos medio desnudas en el gimnasio. Dondequiera que lo necesitamos para que nos saque de nuestra alberca de estrés, el Señor está listo con Su cubo.

«Pero Dios nos ayuda más con su bondad ... "Dios se opone a los orgullosos, pero trata con bondad a los humildes"» (Santiago 4.6 DHH).

El orgullo es un ladrón clandestino. Se acerca sigilosamente y nos roba la gratitud transformadora que es el producto derivado de saber —y reconocer— que nuestros atributos, capacidades y logros son simplemente regalos de nuestro Creador. Regalos envueltos en amor y adornados con un lazo de gracia.

Mi amigo Rich, maestro y papá, posee una actitud de humildad contagiosa. Cuando les informaron a los maestros en la escuela cristiana donde trabajaba que debido a recortes presupuestarios el personal tendría que realizar tareas de limpieza, todo el mundo comenzó a refunfuñar. En medio de las protestas y la discusión que se suscitó, Rich desapareció calladamente con los productos de limpieza. Cuando lo encontraron estregando los inodoros, de rodillas, Rich contestó: «Arrodillarse ante este trono no es distinto a arrodillarse ante el trono de Dios: ¡todo es para Su gloria!».

Trágate tu orgullo de vez en cuando, ¡no engorda!

AUTOR DESCONOCIDO

DES-ESTRESÉMONOS

1. Ok, confiésalo, ¿en qué áreas de tu vida sobresales? ¿En qué eres realmente buena? ¿Acaso el orgullo por este logro alguna vez se cuela en tu actitud o forma de hablar? ¿Aunque sea un poco? Si es así, ¿con quién?

2. ¿Qué dice Dios en el Salmo 59.12 sobre el hablar con orgullo? ¿Qué pasos podemos dar para arrancar el yerbajo del orgullo antes de que se apodere de todo el jardín?

3. ¿Acaso el orgullo ha provocado alguna vez que rechaces instrucción o que discutas hasta morir que estás en lo correcto? ¿Qué dice la Biblia sobre esto en Proverbios 13.10?

Sonrisas para repartir antes de dormir
(FALTA DE SUEÑO)

Al acostarte, no tendrás temor alguno.

PROVERBIOS 3.24 NVI

Una siestecita. ¡Ah! ¿Acaso esta palabra no te hace sentir un cosquilleo de anticipación en tu espina dorsal? La pausa que refresca. Unas mini vacaciones personales. Es recargar baterías. Es chequear nuestros párpados a ver si tienen alguna fuga. Es soltar todo nuestro estrés. Es cerrar la tienda. Es recuperar nuestro aliento.

No importa cómo lo llames, todas las mujeres lo necesitan. Lo desean. Romperían algunas cabezas para alcanzarlo.

Mi nueva agenda política incluye pedir al congreso que legisle una siesta diaria en los Estados Unidos, algo parecido a lo que se hace en muchos países europeos. De aprobarse, cerraríamos todos los negocios desde la una hasta las tres de la tarde, nos acurrucaríamos en nuestras camitas como los niños de kindergarten (luego de las galletitas y la leche, por supuesto), atraparíamos unas cuantas ovejitas y nos convertiríamos en una nación más gentil y bondadosa gracias a ello.

¡Piensa en todos los episodios de violencia vehicular que nos evitaríamos!

En mi humilde pero certera opinión, las siestas felices son una causa-pausa esencial para el estrés interminable de nuestros días. Son trocitos de cielo que revitalizan nuestra energía, claridad y motivación; nuestra defensa de primera línea para la fatiga que agota nuestro temperamento, y que resulta en antipatía aguda.

Cuando no tomo mi siesta, para todo el mundo se acaba la fiesta.

Y no estoy sola en esto. Chicas, sin nuestras siestas alegres, todas quedamos reducidas a niñitas de dos años. Creo que la conciencia es simplemente ese tiempo molestoso entre siestas.

¿Recuerdas cuando tus hijos estaban en kindergarten y se quejaban porque tenían que tomarse una siesta porque *tú* querías que lo hicieran? Los niños y las ancianas (tenía veintinueve años en aquel entonces) *tienen* que tomar siestas. Es la ley. No queremos que lleve a nuestra puerta la patrulla de siestas, ¿cierto?

¿Y qué del sentimiento de *culpa*?, te preguntas. *Olvídalo*, es mi respuesta. Recuerda, el todopoderoso Creador del universo estableció el precedente cuando descansó luego de una semana de trabajo extenuante. Me lo imagino acurrucado en una nube blanca y mullida, abrazando a un osito koala acabadito de crear, sonriendo ante el nuevo e inmaculado planeta tierra y todas sus recién nombradas criaturas. Y deseando haber pasado por alto los piojos.

De cualquier forma, Papá Dios nunca tuvo la intención de que fuéramos a novecientas millas por hora todo el día. Él creó señales en nuestro cuerpo que nos indican cuándo es el momento de escapar a la inconsciencia. La gente sabia hace caso a esas señales. Algunos ejemplos de «siesteros» famosos: Albert Einstein, Thomas Edison, Winston Churchill, John F. Kennedy y Ronald Reagan.

Existe una buena razón para que nuestros párpados comiencen a caerse alrededor de las dos de la tarde. (Hey, ¡no ha sido en balde que haya formado parte del campo de la medicina por veinte años!). Los músculos elevadores que se contraer constantemente para mantener abiertos nuestros párpados mientras estamos despiertas, a la larga se agotan y suplican que les demos un descanso.

Además, un químico llamado *adenosina* se acumula en nuestros cerebros mientras estamos despiertas, y cuando el nivel aumenta demasiado nos sentimos soñolientas. Nuestros cuerpos suplican que tomemos una siesta para diseminar la adenosina. La sensación de euforia que resulta de esto se parece al alivio instantáneo que sientes cuando vacías tu vejiga llena (¡pensé que te identificarías con eso!).

Un estudio publicado en los Anales de la Medicina Interna muestra que las personas que toman siestas de por lo menos treinta minutos al día, tres veces a la semana, tienen un tercio menos de probabilidades de morir de enfermedades cardiacas. Además, los estudios sugieren que tomar una siesta puede estimular la creatividad y la memoria. El neurólogo cognitivo, William Fishbein, dice que durante el *sueño de onda corta* —el periodo de sueño profundo que llega justo antes de REM (movimiento rápido del globo ocular, mientras se sueña)— un estado al que se llega con frecuencia durante una siesta, nuestros cerebros encuentran nuevas ideas y siguen funcionando en la solución de problemas.

Mozart asegura que compuso mucha de su música en sus sueños. Keith Richards encontró «Satisfaction» también mientras tomaba una siesta. Nuestros cerebros operan en piloto automático mientras vamos en «caída libre». Es como una máquina de hacer rosquillas que sigue dejando caer buñuelos después de haberla desconectado.

¡Y todavía hay un argumento más sólido para mi caso! Los estudios muestran que un tiempo de sueño adicional puede ayudar a controlar el peso —sí, ¡puedes rebajar mientras te tomas una siesta! (Y no, ¡*no* lo soñé!)

La *ghrelina,* una hormona producida en nuestros intestinos, es la que nos avisa cuándo tenemos hambre, y la que provoca nuestros antojos de comer dulces, almidones o alimentos salados. Cuando no dormimos lo suficiente, los niveles de ghrelina aumentan. Así que comemos... un montón de porquerías que pueden conducir a la obesidad, la depresión, los ojos de mapache (círculos oscuros), los dolores de cabeza, la impaciencia y la irritabilidad.

O sea, nuestras peculiaridades normales y corrientes.

Pero cuando dormimos más, nuestro colon acumula menos ghrelina, nuestros antojos disminuyen, y rellenamos nuestras tripas con menos Twinkies. Desde mi perspectiva, es una fórmula sencilla: $F = S + H - C$ (Flaca equivale a Siestas más Hormonas menos Calorías).

Toda esta habladuría científica me lleva a formular otra casi-verídica ciencia Coty: la teoría BOOP (ok, tal vez esta *sí* me la inventé).

Postulo que las mujeres somos como ollas de avena. Al inicio del día, hervimos a fuego lento: burbujitas manejables de estrés suben a la superficie y se disipan, reventando inofensivamente. Pero a medida que el día avanza, el calor sube y la avena hierve más, más rápido y con más fuerza hasta que se desborda y forma un lío pegajoso, feo y repugnante a su alrededor. Esta soy yo como a las cuatro de la tarde.

El tomar la siesta previene el síndrome BOOP —Fenómeno del Desbordamiento de Avena Hirviente, por sus siglas en inglés—, apagando la hornilla de la estufa para permitir que la avena baje hasta adquirir su consistencia placentera y servible. Espolvoréala con un poco de azúcar morena y *voilà*... ¡todo el mundo es feliz!

La Biblia registra muchas veces en las que Jesús mismo se escabulló para descansar un rato y alentó a Sus amigos a que lo hicieran también. Así que voy a alentarte a *ti* con un poco de pseudo poesía:

Oda a la siesta
Por: D. Coty, poetisa extraordinaria

Si tu tarde va cuesta abajo
y estás pasando mucho trabajo
y crees que padeces de un ataque de BOOP,
te aconsejo por el bien de las tropas
que permitas que una siesta haga su ronda,
hasta que puedas descansar
¡y la familia se pueda recuperar!

Separa media hora todos los días para
preocuparte por todo lo que quieras, Y toma
una siesta en ese mismo periodo de tiempo.

AUTOR DESCONOCIDO

DES-ESTRESÉMONOS

1. ¿Te tomas siestas sin ningún problema? Si es así, ¿cómo lo logras? Si no es así, ¿por qué no consideras unos momentos de silencio en lugar de dormir? Lee Marcos 6.30-32. ¿Por qué crees que retirarse a descansar era tan importante para Jesús? ¿Por qué es importante para ti?

2. Con frecuencia me despierto con extraordinarias ideas para escribir en mi cabeza. ¿Alguna vez has recibido la solución para un problema o un proceso creativo mientras duermes? ¿No te parece extraordinaria la forma en que Papá Dios nos creó para estacionar el auto, con el motor todavía corriendo?

3. ¿Alguna vez el BOOP te ha arruinado la tarde? Piensa detenidamente en alternativa para reducir el fuego de tu olla de avena antes de que se desborde.

Cosas que mi mamá nunca me dijo
(Menopausia)

Yo sé todo lo que haces. Sé que no eres frío ni caliente. ¡Ojalá fueras frío o caliente!

APOCALIPSIS 3.15 DHH

¿Alguien encendió el horno?

Estaba sentada entre quince hombres y mujeres en un estudio bíblico, y nuestras sillas formaban un círculo pequeño. A mi derecha estaba Cónyuge, y a mi izquierda un hombre soltero que apenas conocía. De repente, de la nada, un volcán de lava invisible hizo erupción en mis entrañas, desatando su furia desde los dedos de mis pies hasta los folículos de mi cabeza.

¡Ay no! ¡Alerta de ola de calor!

Sentada allí, como un carbón al rojo vivo, intenté ignorar lo que ocurría, actuando «como si nada», aunque sentía un infierno debajo de la piel y el sudor me estaba adornando la frente. Me sentía como un bombillo de 1.000 watts encendido. Estaba echando humo por mis poros y la humedad formaba semicírculos en mis axilas. Mi correa era literalmente una rueda de fuego. El maquillaje me corría por el rostro y se pegaba en mi barbilla. Cuando mis espejuelos para leer se resbalaron de la punta de mi nariz y fueron a caer en mi Biblia abierta, el pobre tipo a mi lado, olió interrogativamente el aire y preguntó: «¿Se quema algo?».

Las cabezas comenzaron a girar por todas partes, pero los ojos conocedores de Cónyuge se enfocaron en mí. Y mientras el director del estudio bíblico reanudó la lección, Chuck comenzó a abanicarme discretamente con las páginas de su Biblia.

¡Qué clase de hombre! Nunca lo había amado más que en aquel momento.

Y lo peor es que pensarías que por lo menos vas a perder peso después de tanto sudor. ¿Por qué no vemos caminando por ahí legiones de mujeres cincuentonas, delgadas y solubles en agua? Todas deberíamos lucir como esas enflaquecidas súper modelos talla 2. Es lo menos que Dios podría hacer para reparar el daño.

Los hombres, intencionalmente, no entienden «el cambio». Suena demasiado permanente. La mayoría de los esposos piensa que la menopausia es como apretar el botón de pausa de un DVD (algo así como una *pausa mental*), simplemente una etapa que tenemos que superar. Una locura corta y pasajera por la que pasan sus esposas por un tiempo, mientras que el matrimonio cómodo que una vez conocieron está convenientemente en pausa.

Ellos pensaban que lo habían visto todo en los días de locura y despiste durante el embarazo: zapatos en la gaveta de los cubiertos, leche en el lavaplatos, un plato de melón y aceitunas negras para cenar. Ella *tiene* que comer brócoli hoy, aunque la semana pasada los detestaba. Suéter en junio, sandalias en febrero.

Entonces, treinta años más tarde, llegan a la cocina y se encuentran a su mujer con una bolsa de caderas de pollo congeladas escondida en la cintura de sus jeans, para que se descongelen a tiempo para la cena (hice esto realmente luego de leer el libro *Cooking with Hot Flashes*!, de Martha Bolton). O se pone a llorar histéricamente frente al comedero para pájaros porque los carrizos bebés se alejaron de su mamá por primera vez. O la encuentran comiéndose una tina de helado de chocolate con almendras nadando en una alberca de caramelo y granas de colores. En el desayuno. O la sorprenden despatarrada y desnuda en el piso de loza frío a las tres de la madrugada con vapor saliéndole del cuerpo.

Sí. La leche está de vuelta en la lavadora de platos (solo que esta vez es leche desnatada), su cartera está cómodamente instalada en la nevera y ella se comporta tan malvada como una serpiente porque... bueno,

¡solo *porque sí*! No existe rima ni razón —ni advertencia— cuando su gruñoactitud simplemente se dispara por las nubes.

¿Gruñoactitud? Sí chica, tú sabes lo que es tener una gruñoactitud. Simplemente no sabías cómo llamarla. En mi libro, *Mom NEEDS Chocolate* introduje esta escala de enfurruñamiento de actitud que se relaciona directamente con: (a) el azúcar en la sangre, (b) las hormonas, y (c) las horas de sueño de nosotras las mujeres. Si el marcador de gruñoactitud está en E, la familia busca el rifle con dardos tranquilizadores y se esconde detrás de los muebles.

La peor parte para las mujeres es que sabemos que hemos sido irracionales y que estamos de mal humor, pero no podemos detenernos. Es como si estuviéramos canalizando a Godzilla y no hubiera control remoto para cambiar los canales (bueno, si ella fuera varón se habría llamado Godzillo). Los temperamentos menopáusicos tienden a cambiar y nos volvemos un poco, bueno, podemos decir, *escuetas* en la manera de responder. Como un cocodrilo que cierra la boca de golpe.

Para prevenir esto y otras sorpresas al estilo qué-rayos-voy-a-hacer-luego, te ofrezco esta oración mañanera para mujeres en la menopausia.

Señor, te ruego que enfríes mi infierno interior y me ayudes a no tener un día terrible. ¿Sabes? Un día de «idez» o «idad», en el que demuestre, en ningún orden particular: densidad, banalidad, grosería, calamidad, estupidez, desunión, fero-cidad, futilidad, audacia, y especialmente, locura. Y gracias porque Tu maravillosa generosidad, amén.

Hay sabiduría escondida en este viejo chiste:

P: ¿Qué debe hacer un hombre mientras su esposa está pasando por la menopausia?

R: Mantenerse ocupado. Terminar la remodelación del sótano. Así cuando termines, tendrás un lugar dónde vivir.

¿Por qué a la gente le extraña que estemos crónicamente malhumoradas cuando tenemos que estar haciendo cosas continuamente, como maquillarnos en medio de una ola de calor?

Por alguna razón, los cuerpos femeninos de edad mediana se destacan por amanecer envueltos en llamas de fuego. Aun después de lavarnos y secarnos la cara, el sudor continúa irradiando a través de cada poro facial, así que la base se coagula hasta que aparecen pequeñas verrugas color beige en nuestros pómulos. Entonces nos ponemos polvo para intentar aplastar las verrugas, pero el polvo se endurece y termina dejándonos vetas por toda la nariz y la frente, como un guerrero Seminola preparándose para la batalla.

Luego, en lugar de añadir un poco de color a nuestras mejillas, el colorete se adhiere al primer punto pegajoso que toca, creando un borrón redondo y rosado que nos hace lucir más enfermas que festivas. Misericordia. Siempre he deseado que me consideren una muñeca viviente, ¡pero por favor, no Raggedy Ann!

Otro detalle científico poco conocido sobre la menopausia (¡este te va a *encantar*!): a medida que nuestro suministro de estrógeno disminuye, nuestros cuerpos fueron creados para reemplazarlo con *feniletilamina*, la hormona producida por el cacao. Eso es así, chocolate. ¿Puedes creerlo? Papá Dios pensó en todo. Eh, si el tanque de gasolina de tu auto está vacío, lo llenas para mantenerlo corriendo, ¿cierto? Lo mismo pasa con las hormonas. Si el estrógeno regular no está disponible, entonces el cacao de alto octanaje hará maravillas. ¡Y una barra de chocolate suizo produce un desempeño óptimo en el motor!

¿Quién dice que el cambio tiene que ser malo? Me gusta la idea de reinventarme como una mujer más sabia (hasta las ratas aprenden), más sexy (piensa aquí en un vino con mucho cuerpo), más robusta (el queso añejo es el preferido de todo el mundo). Según Génesis 12, Sarai, la esposa de Abraham, era una *hottie* (chica hermosa) a los sesenta y cinco. Los reyes extranjeros la deseaban y Abraham mintió diciendo que era su hermana para mantenerse bien parado cuando aumentó la competencia.

¡Pensemos también que somos *hotties*! Porque lo *somos*. Literalmente, estamos que ardemos. Ahora llegó el momento de cantar junto a Mitch (mi apodo en la universidad —mi apellido de soltera era Mitchell). ¡Una canción estreno solo para mis chicas hermosas!

Menopausia con actitud
Oh, hermosos, son esos pasteles de chocolate,
Batidos, *lattes*, y más.
Para tomar Metamucil, se nos caigan los ojos,
Y nos llenemos de celulitis;
Oh menopausia,
Oh menopausia,
Toma mis hormonas y lárgate.
Voy a extinguir este genio
Con toneladas de comida
Y montañas de crema moca.

(Lo siento mucho —por falta de espacio, tengo que limitarme solo a la primera estrofa y el coro, pero me encantaría compartir contigo el resto de la canción, y otras más, contigo y con tu ganga cuando visite tu ciudad próximamente.

La edad no es importante, a menos que seas queso.
BILLIE BURKE, ALIAS GLENDA,
LA BRUJA BUENA THE GOOD WITCH EN EL MAGO DE OZ

DES-ESTRESÉMONOS

1. No quiero asustarte si todavía no estás atravesando por el cambio de vida. No todas las mujeres sufren de olas de calor. ¿Le pasó a tu mamá? ¿A tu abuela? ¿A tu Chevy '87? (Guarda este libro... ¡algún día vas a necesitar este capítulo!)

2. Para aquellas que ya son *hotties* certificadas, ¿alguna vez te has preguntado por qué sientes antojos de chocolate? Tienes una razón excelente: ¡tu cuerpo necesita *feniletilamina* para mantener ese motor corriendo! Explícale *eso* al míster, a ver si esta noche no se presenta mágicamente con una caja de Godiva después de la cena.

3. Ok, si todavía no lo has hecho, canta a todo pulmón «Menopausia con actitud». ¿No te sientes ya un poquito menos estresada?

Puedes correr, pero no esconderte
(La misericordia de Dios)

Cuando la vida se me escapaba,
recordé al Señor. Elevé mi oración
sincera hacia ti en tu santo templo.

Jonás 2.7 ntv

«¿Qué rayos le *pasa* a este perro tonto?», se preguntaba mi esposo Chuck, mientras el mullido maltés blanco lo eludía otra vez. Habíamos estado cuidando la jauría de mi hermana Cindy por una semana y como un gustito especial (para el perro, ¡no para nosotros!), me había traído a casa a Savannah, la adorada bolita peluda de cinco libras. Mi hermana vive a siete casas de nosotros, y pensé que Savannah disfrutaría destruyendo nuestra sala mientras yo me preparaba para un evento de autógrafo de libros. Como de costumbre, estaba retrasada, así que le grité a Chuck —que estaba trabajando en su despacho— que por favor llevara a Savannah de vuelta a casa de Cindy, tan pronto tuviera una oportunidad.

«Ujum», balbuceó, sin despegar los ojos del monitor.

Diez minutos más tarde, llegó el chofer de UPS y tocó el timbre. Chuck se olvidó de nuestro visitante peludo, así que abrió la puerta y Savannah salió disparata a través de sus piernas hacia el patio delantero. Chuck tiró el paquete justo en la puerta, y salió corriendo detrás de la perrita, y ella, a su vez, se escabulló de sus manos corriendo por la acera, a un paso veloz.

Debe dirigirse a su casa, pensó Chuck, dejando la puerta abierta de par en par y a nuestros dos perros paseándose en el patio. *La voy a alcanzar en un momento y voy a estar de regreso de inmediato.*

Bueno, yo no sé cuál era el destino que Savannah tenía en mente en su cerebro tamaño guisante... pero no era su casa. Siguió corriendo frente a Chuck, pasó delante de su casa y se dirigió hacia la intersección en la carretera. Chuck iba siguiéndola a toda velocidad, usando primero su voz *amable*, luego su voz de papá firme. Y cuando nada funcionó, comenzó a gritarle a todo pulmón, pero la decidida perrita se mantenía cinco pasos delante de él, y lograba esquivar sus dedos.

Chuck palideció mientras Savannah cruzaba la intersección a toda carrera. Se escuchaban autos frenando por todos lados, pero la pequeña canina siguió su rumbo, como si estuviera en una misión. Media milla más adelante, con un Chuck agotado y tratando de mantener el paso, Savannah cruzó un patio para llegar a un sembradío de fresas de treinta acres, bordeado por un bosque espeso en un lado y un lago infestado de cocodrilos, en el otro.

Ya para este momento, Chuck estaba jadeando y todo sudado. Y sin poder hacer nada vio como la bolita peluda que Cindy consideraba su bella bebita desaparecía entre las hileras de plantas de fresa, mucho más altas que Savannah.

En pánico, Chuck ignoró el dolor en su costado y corrió de regreso a la casa para buscar el auto. Nuestro vecino, muy generosamente, se ofreció a cuidar a nuestros perros, que muy felices aceptaron la oportunidad dorada de pasear por el vecindario, mientras Chuck manejaba hacia el sembradío de fresas. Cuando llegó, se acercó al granjero y a sus trabajadores, les explicó su problema y les pidió permiso para manejar por la propiedad, hacia el lago.

«Adelante, pero no tiene por qué apurarse», contestó el granjero, mientras escupía en el suelo.

«Es muy probable que ya haya sido el almuerzo de los cocodrilos».

Con un inmenso terror pegando sus tripas, Chuck rebuscaba el sembradío, bajo el candente sol floridano, gritando el nombre de Savannah con más urgencia con cada minuto que pasaba. Cinco, diez, luego quince. Entonces comenzó a disparar oraciones urgentes al cielo, mientras su mente corría a toda velocidad.

—Padre, ¿realmente te preocupas por criaturas tercas y rebeldes como Savannah?

—¿Por qué el Señor del cielo y la tierra perdería Su tiempo rescatando a criaturas desgraciadas, víctimas de sus propias malas decisiones?

—Savannah, ciertamente, no merece Tu misericordia. Pero si no intervienes, Señor, ¿qué voy a decirle a Cindy sobre la perrita que ama tanto? ¿Te imaginas? «Lo lamento mucho, pero confiaste a nuestro cuidado a tu pequeñita bolita peluda, pero se convirtió en la merienda de un reptil».

Justo en ese momento, una ráfaga blanca captó la atención de Chuck a orillas del bosque. ¿Será posible? Alabado el Señor, ¡sí lo fue! El largo pelo blanco de Savannah se movía con la brisa, mientras se dirigía hacia las palmeras, moviendo su cola. Chuck se acercó en el auto lo más posible, intentando no asustarla para que no se fuera hacia el bosque ni hacia el lago.

Aunque en realidad Chuck quería cogerla por el cuello, abrió con cuidado la puerta del auto, se escondió y llamó a la perrita usando su más certera imitación del acento sureño chillón de Cindy (tremendo reto para su voz de bajo de Nueva York): «Eh, Savannah, preciosa bebé de mamá, ven a comerte este delicioso hueso. ¡Anda, ven!».

Ya sea porque Chuck logró engañar a Savannah, o porque ella decidió que Chuck era mejor alternativa a un cocodrilo de trescientas libras, o si simplemente se cansó de su pequeña aventura, nunca lo sabremos.

Pero después de dudar por unos segundos, corrió hacia el auto y se subió en él.

Cuando más tarde Chuck nos entretuvo con este gran relato canino, no pude evitar recordar la historia de Jonás, narrada en el Antiguo Testamento. Mientras huía frenéticamente de Dios, las malas decisiones de Jonás provocaron que una enorme criatura marina se lo tragara. Estaba huyendo sin un plan B ni un plan de escape de contingencia. Simplemente estaba reaccionando a ciegas ante algo que no quería hacer, estaba huyendo a cualquier parte, menos *allí*. Si la intervención de Dios, hubiera terminado como un aperitivo de marisco.

Jehová decidió ignorar la terca desobediencia de Jonás y rescató su trasero de todas maneras. Eso, mi amiga, es misericordia.

¿Y qué de mí? ¿Y de ti? No somos distintas a Jonás o a Savannah. Nosotras, también, nos alejamos corriendo de los lugares difíciles o de las tareas abrumadoras o de la gente fastidiosa que Dios ha puesto en nuestras vidas. Las mismas preguntas son válidas: ¿Por qué Dios se preocuparía por criaturas tercas y rebeldes? ¿Por qué perdería Su tiempo rescatando a criaturas desgraciadas, víctimas de sus propias malas decisiones? Ciertamente no merecemos su misericordia.

Sin embargo, Él nos la extiende de todas maneras. Una y otra y otra y otra vez.

Aquellos que te amaron y a los que ayudaste te recordarán cuando las nomeolvides se hayan marchitado.

Talla tu nombre en corazones, no en mármol.

CHARLES SPURGEON

DES-ESTRESÉMONOS

1. Recibir la misericordia de Papá Dios es como abrir una nota de alguien a quien ofendiste y encontrar una tarjeta de regalo por quinientos dólares para tu tienda de zapatos favorita. ¿Cuándo fue la última vez que experimentaste Su misericordia y perdón incomprensibles?

2. La misericordia es completamente inmerecida, y creo que por eso es tan exquisitamente valiosa. Toma un momento y atesora el regalo de la misericordia de Dios al redimir a Su Hijo como pago por tus pecados. Arrópate con un manto de misericordia y siente —como una cobija mullida— el calor sobre tu cuerpo.

3. Hay alguien que te haya hecho daño y merezca castigo? ¿Cómo puedes mostrarle misericordia a él o a ella, tal como el Padre te la ha mostrado a ti?

Pastel de queso: ya no es solo para el desayuno
(NUTRICIÓN)

El justo come hasta quedar saciado,
pero el malvado se queda con hambre.

PROVERBIOS 13.25 NVI

Estaba mirando embelesada los postres que estaban en la vitrina de la cafetería.

«El pastel de chocolate esponjado se ve muy bien hoy», comentó la dama que estaba detrás de mí en la fila.

«Definitivamente», concordé, secándome la saliva en la orilla de mi boca. «Pero realmente no debo. Estoy a dieta y no me he portado muy bien esta semana». Traté de lucir compungida, y sobre todo, sincera. «Creo que me voy a comer un *muffin* bajo en grasa».

Ella levantó una ceja. Aparentemente, no estaba engañando a nadie.

«O tal vez pueda darme un gustito con un pastel de manzana sin azúcar», acepté encogiéndome de hombros, «aunque sin duda me comería un pedazo enorme de ese pastel de queso con frambuesas y chocolate».

Mi alma gemela recién conocida, se acercó a mi oído, y me miró con ojos conspiradores. «A la porra con la dieta. Si vas a serle infiel a tu esposo, procura no escoger a un hombre feo».

El control de peso no es cuento de niños. Sabes que es cierto: el azúcar alardea, el dinero habla, pero el chocolate, ¡canta! He descubierto que un buen pedazo de chocolate con mantequilla de maní es la mejor manera de silenciar a esa detestable flaca en nuestro interior que está tratando de salirse por los rollos de nuestra cintura.

Hasta la ciencia reconoce nuestra tendencia de abusar de los *muffins*.

¿A quién le sorprende que el Brookhaven National Laboratory haya descubierto que cuando les presentan a las mujeres sus comidas favoritas son menos capaces que los hombres de suprimir el hambre, ni siquiera usando técnicas de «inhibición cognitiva» para ayudar a silenciar los antojos? Parece que los encefalogramas de las mujeres mostraron una actividad neurológica imposible de suprimir ante algunos alimentos, independientemente de todos los intentos de bloquearlos.

Yo pensaba que Pavlov había probado esto con sus babosos perros hace mucho tiempo atrás. Seguramente eran perras. ¿Por qué? Bueno, la saliva se me sale de los labios con solo mencionarme galletas con pedazos de chocolate, ni siquiera tienes que enseñarme una foto, ni mucho menos sonarme una campana. ¿Necesitas apagar un fuego? Es a mí a quien necesitas. Simplemente ponme a colgar encima del incendio y léeme la receta de «Muerta por un Chocolate».

¿Acaso no es tener buenos modales cuando respondemos a ciertos alimentos que nos llaman por nuestros nombres?

Hace poco leí que nuestras personalidades se reflejan las decisiones que tomamos al momento de escoger un *snack*. Por ejemplo, a la gente ambiciosa y competitiva le gusta comer papitas fritas, mientras que los perfeccionistas que tienden a asumir la batuta y a microadministrar prefieren los nachos o totopos. Las personas concienzudas con altos principios morales tienden a engullir *Cheetos*, y a las que les gusta estar en la moda comen *pretzels*.

¡Eh! Tal vez en lugar de los cuatro tipos de personalidad tradicionales (colérico, sanguíneo, melancólico y flemático), deberíamos cambiar a papitas fritas, nachos, *cheetos* y *pretzels*. Las mujeres entenderíamos mejor las implicaciones.

«Hola, soy Debbie, una chica tipo *cheetos*. Este es mi esposo, Chuck». Te le acercas al oído y susurras: «Él es un tipo *nacho*».

Siempre he creído que es un reductor de estrés justo y apropiado atribuirle el valor nutritivo que merecen las meriendas basadas en vegetales. ¿Por qué imponer más confusión nutritiva a nuestro mundo de cabezas?

Después de todo, ¿de qué están hechos los *chips* de maíz si no es de maíz? Las tortillas no son otra cosa sino básicamente pan de maíz aplastado, ¿cierto? ¿Y que pueden tener de malo las papitas fritas? No son *chips* de pastel de manzana ni *chips* de helado (los que, si existieran, deberían considerarse en las categorías de frutas y productos lácteos, no como comida chatarra).

No podemos permitir que el sentido del humor sea lo primero que perdamos en nuestras dietas.

En nuestra sociedad, estar a dieta forma parte de nuestra femineidad tanto como arrancarnos los pelos del mentón. Se dice que las dietas son la multa por exceder el límite de comida. ¿Puedes creer que la Asociación American del Corazón recomienda que las mujeres no consumamos más de cien calorías de azúcar por día? Ese es el equivalente a seis cucharaditas. ¡Qué alguien tenga piedad! ¡Eso es solo la mitad de un *Snickers*!

El norteamericano promedio se traga veintidós cucharaditas de azúcar al día, la mayoría en bebidas gaseosas o, en el dulce sur del país, en té dulce. Entonces, si no me tomo el té y lo sustituyo con agua en la cena, ¿me puedo comer un *brownie* adicional? De todos modos, prefiero masticar mis calorías que tomármelas. Estoy aquí pensando, si siembro caña de azúcar en mi patio, tal vez pueda salirme con la mía masticando algunos trocitos después de las comidas, como los hombres mastican los palillos de dientes. Es probable que las calorías ni siquiera cuenten. Te pregunto: ¿qué puede ser más «natural» que un palillo de dientes dulce?

Pero sabes tan bien como yo que después de todo el sudor, la sangre y las zanahorias que invertimos para perder peso, recuperarlo es la última risotada del diablo. Casi que puedes sentirlo riéndose malvadamente por encima de tu hombro mientras la aguja de la báscula sigue subiendo. Erma Bombeck una vez dijo: «En dos décadas he perdido un total de 789 libras. Debería estar colgando de una pulsera de dijes».

Aplaudo a las mujeres que consumen dietas nutritivas y apropiadas, y evitan los rollitos en la cintura. Para ustedes, las chicas ultra disciplinadas, digo: «¡Fabuloso! ¡Sigan adelante!». Pero para el resto de nosotras, tengo una palabra: *relájate*. Escuchaste bien, relájate. Respira profundo. Hala tu panti y acomódalo en su sitio. Suelta tu sujetador un broche más. Desabróchate el pantalón. Recuerda, toda esa vestimenta terrenal es solo temporera. En el cielo no habrá concursos de belleza. Y realmente no creo que vaya a existir un cielo sin Oreos.

Es una verdadera lástima consagrar nuestras vidas a la meta de pararnos a la puerta de la eternidad con una fabulosa talla 4, bronceadas a la perfección, frentes lisas como la seda, ojos sin bolsas, pelo radiante, brazos sin orejas de Dumbo, caderas sin tapioca. ¿Qué tiene eso de bueno? No vas a impresionar a Dios. Él va a estar mirando nuestro interior, nuestros corazones.

No, en mi opinión nos deben llevar a la tumba en una carretilla, con una sonrisa burlona en el rostro, una barra de chocolate en una mano y una bolsa de *Cheetos* en la otra.

> Ninguna dieta va a eliminar toda la grasa de nuestro cuerpo porque el cerebro está hecho enteramente de grasa. Y sin cerebro, tal vez luzcas bien, pero lo único que puedes hacer es postularte para un puesto político.
>
> GEORGE BERNARD SHAW

DES-ESTRESÉMONOS

1. Entonces, ¿qué tipo de personalidad eres tú: papitas fritas, nachos, *pretzels* o *cheetos*? O, ¿tal vez, un plato con un poquito de todo?

2. ¿Te resulta fácil hacer dietas? ¿Subes y bajas de peso con frecuencia? ¿Llevas una dieta apropiada y nutritiva? ¿Sientes que tu manera de consumir alimentos ahora mismo añade estrés a tu vida?

3. ¿Te has enfocado en decorar tu vestido terrenal? ¿Qué pasos puedes dar para reenfocarte en el interior y no tanto en el exterior?

¡Solo necesitamos pasarla bien!
(RELAJAMIENTO)

*Corazón alegre, cara feliz; corazón
enfermo, semblante triste.*

PROVERBIOS 15.13 DHH

¿Sabes cuál es la técnica de relajamiento que todas las mujeres
necesitamos pero que descuidamos con frecuencia? No, no es amor, sexo
ni chocolate, aunque todo esto está entre las primeras diez posiciones.

¿Estás lista? ¡Es *diversión*! ¡Es esa buena carcajada, que hace que te
duela el estómago, que produce endorfinas y que hace desaparecer es
estrés!

¿Necesitas pruebas? Detente por un minuto y toma esta corta
prueba de entusiasmo:

1. ¿De qué manera prefieres expresar tu creatividad?
2. Menciona tu recuerdo más agradable al participar en la
   actividad citada arriba.
3. Si pudieras hacer algo solo por diversión, ¿qué harías?
4. ¿Cuándo fue la última vez que te reíste hasta que te dolió el
   estómago?
5. ¿Qué era lo más que te gustaba hacer cuando eras niña? ¿Lo has
   hecho recientemente?
6. ¿En qué actividades participas con tus amigas que te traen un
   agradable sentido de unidad?
7. ¿Con cuáles dos amigas te gusta más pasar tu tiempo?
8. ¿Qué o quién te hace reír más que cualquier otra cosa en el mundo?
9. ¿Cómo te sientes cuando escuchas tu música favorita?

10. ¿Qué lugar emocionante te gustaría visitar alguna vez?

¿Estás sonriendo, cierto? ¿Sientes que tu corazón está flotando en tu pecho? ¿Se siente más liviana la carga sobre tus hombros? ¿No sientes como si te hubieras tragado una vitamina anti-envejecimiento solo pensando en esas ideas que inducen felicidad y que dejan la locura atrás?

Los estudios confirman que existen correlaciones claras entre llevar a cabo actividades agradables y la reducción del estrés. De hecho, los expertos en el manejo de estrés recomiendan que te involucres por lo menos una vez a la semana en una actividad solo para divertirte. Pero, eh, ¿por qué parar en una?

Las actividades divertidas no son solo mecanismos para lidiar con el estrés, sino que también el cultivar pasatiempos relajantes te provee una forma personal de expresión, saca esos talentos latentes (o desarrolla destrezas que siempre has deseado tener), y te ayudará a liberar la angustia reprimida. Es posible que no podamos eliminar el estrés de nuestras vidas enloquecidas, pero *sí* podemos equiparnos para aguantarlo mejor buscando actividades rejuvenecedoras que rellenen nuestro tanque de alegría en lugar de dejarnos completamente secas.

Todas deseamos ser productivas, pero he descubierto que cuando todo es trabajo, sin nada de diversión, a Deb le da con pegarse un atracón. ¿Te pasa lo mismo? ¿Buscas consuelo en la comida cuando tus nervios están de punta y se afecta tu buen juicio? Bueno, ese es el tipo equivocado de productividad —todo lo que producimos son caderas gelatinosas. Tiene que existir algo que no engorde, que sea productivo *y* divertido también, ¿cierto?

Luego de años complaciendo a todo el mundo en nuestras familias, muchas perdemos contacto con lo que nos gusta hacer a *nosotras*. He aquí algunas sugerencias que muchas chicas adoran:

+ Practica la jardinería. Esto te reconecta con la maravillosa creación de Dios; te permite explorar nuevas formas de color, textura y creatividad sensorial, en un ambiente tranquilo; y te permite cuidar de una nueva vida (¡muuuy gratificante!). Puedes embellecer tu espacio personal con las plantas y además proveen oxígeno regenerador a tu pequeño mundo.

+ Practica algún deporte. Una manera socialmente aceptable para liberar tu frustración. (Mejor que darle patadas al cesto de basura o arrancarte tus pantimedias.) Además, es una excelente forma de fortalecer relaciones, ejercitarte y quemar algunas galletas de chocolate blanco con almendras. Si no eres de las que les gusta competir, no tienes que *jugar* nada; puedes caminar, correr, bailar, hacer aeróbicos, patinar, correr bicicleta con algunas amigas o tu esposo (una inversión doble en tu matrimonio y en tu salud). Según el experto en matrimonios, Willard F. Harley Jr., en su libro *His Needs, Her Needs*: «Entre las cinco necesidades masculinas básicas, pasar tiempo de recreación con su esposa está precedido solo por el sexo, para el esposo típico». Hum. ¿Quién sabe? ¡Tal vez una actividad recreativa lleva a la otra!

+ Encuentra tu válvula de escape creativa. Dibuja, canta, teje, haz manualidades, prepara álbumes familiares, pinta, escribe, cocina, bucea, explora la fotografía —la lista es tan diversa como tus intereses. Tomar algún curso y tratar actividades diferentes no solo expande tus destrezas, sino que aumenta tu autoestima y te abastece de municiones interesantes de conversación para esos silencios incómodos del tipo «¿y ahora qué?», en algunas reuniones entre amigas.

+ ¡Ríete! Saca tiempo para ver alguna comedia, leer libros graciosos, asociarte con personas que no tomen la vida demasiado en serio, y busca el humor en las situaciones de tu vida diaria. Esta manera anticipada de relajarte no solo produce un estado de ánimo positivo, sino que transforma tu ceño fruncido en una carita alegre, y atrae naturalmente a otras personas hacia ti. ¡La risa refleja un corazón alegre! ¿Y a quién no le gusta pasar tiempo con gente alegre e inspiradora?

+ Disfruta de la música. Toma lecciones de piano (me encanta enseñarles a adultos —aprenden rápido y aprecian realmente la música como una manera de expresarse a sí mismos), sácale el polvo a aquel viejo instrumento que tocabas en la banda del colegio y únete a la orquesta de la comunidad, escucha el género musical que disfrutes. ¡Baila! Mueve tu esqueleto. La música tiene la capacidad mágica de acelerarnos, calmarnos, distraernos (en una buena manera) e inspirarnos... ¡sácale provecho a esta sencilla fuente de felicidad!

+ Sumérgete en las páginas de un buen libro. Ficción. No ficción. Biografías de personas extraordinarias. Fantasía cristiana. Romances inspiradores. Misterios. Las novelas centradas en la fe son evasiones estimulantes a otra vida, y hasta a otro mundo. Simplemente no te olvides que tienes que regresar...

+ Busca aventuras. Planifica y ahorra para esas vacaciones especiales. La expectación es la mitad de la diversión. Traza un plan emocionante por el que esperes para expandir tu imaginación y que acelere tu corazón de una manera única. Llevo esperando una década por mi aventura en Europa, y la expectación aumenta y se vuelve más dulce con cada año que pasa.

+ Toma mini vacaciones. Fines de semanas largos o hasta viajes de un solo día son excelentes opciones si el tiempo y el dinero son un problema. Quédate una noche en ese hotelito pintoresco cerca de tu casa o visita un museo por primera vez, pasa un día en la playa, vete a mirar escaparates con una amiga o relájate alrededor de una fogata con las personas que amas. Simplemente no te olvides del repelente de insectos.

+ Involúcrate en una causa en la que creas. Esto puede ser muy gratificante y divertido si te aseguras que no se convierta en trabajo. La meta aquí es relajarte, no que te cargues con trabajo adicional.

Para este momento probablemente estás pensando, *no debo perder mi tiempo en esas cosas, tengo una familia a la que tengo que atender.* ¡Eh! ¡Dale! Suelta esa culpa... ¡pasarla bien es bueno para ti *y* para tu familia!

Estás invirtiendo en tu salud y futuro, y esto afecta también la salud y el futuro de ellos.

Los científicos han comprobado que la risa aumenta la circulación y ejercita los músculos esqueléticos (desgraciadamente eso incluye los músculos del esfínter, ¡si te ríes con muchas ganas!). Leí un estudio que confirmó que reírse durante quince minutos todas las mañanas, por tres semanas, aumentaba significativamente el optimismo, las emociones positivas, la identificación social, y... bueno, la regularidad en las visitas al baño.

¡Adiós jugo de ciruela!

A decir verdad, el pasarla bien es contagioso. Una revista médica británica concluyó, luego de algunos experimentos sociales, que la alegría transferida entre las personas puede durar hasta un año. ¡Un año! Cuando sonríes, ¡el mundo entero *realmente* sonríe contigo!

Mi amiga Jan estaba empujando un carrito de compras en Wal-mart, con su nietecito, Mason, montado en él, cuando vieron a un viejito arrastrando su carrito, y su esposa anciana arrastrando los pies detrás de él, con ojos cansado y hombros caídos. Cuando le pasaron por el lado a la deprimente pareja, Mason cubrió su boca con su mano regordeta y les tiró el beso más grande y más sonado que puedas imaginarte. Instantáneamente, aquellos dos rostros cansados y arrugados se transformaron, mientras sonreían y le tiraban besitos a Mason mientras iban por todo el pasillo.

Recuerda, Salomón, el hombre más sabio que jamás haya vivido, estuvo de acuerdo: «Yo sé que lo mejor que puede hacer el hombre es divertirse y disfrutar de la vida» (Eclesiastés 3.12 DHH). Así que proponte añadir algo de diversión a tu lista de pendientes y comienza a esperar con expectativas el día de mañana.

Mientras más veo la conexión entre el humor y la creatividad, más me percato de que hay muy poca diferencia entre los términos «¡Aha!» y «¡Ja, ja, ja!».

VATCHE BARTEKIAN,
ESPECIALISTA EN EL MANEJO DE ESTRÉS

DES-ESTRESÉMONOS

1. ¿Qué nos dice Proverbios 17.22 sobre la importancia de pasarla bien?

2. Menciona algunas actividades divertidas que te gustaría explorar.

3. ¿Luchas alguna vez ante la decisión de pasar tiempo haciendo algo que disfrutas? ¿Qué está impidiendo que puedas poner regularmente en tu agenda estas actividades?

Sección 3:
Cultiva relaciones

NINGUNA MUJER ES UNA ISLA
¡PERO AL MENOS PODEMOS SOÑARLO!

*Para creer en fantasmas
y esqueletos en el clóset,
simplemente ve a una
reunión familiar.*
AUTOR DESCONOCIDO

Algo en el aire
(ROMANCE)

> *Por eso el hombre deja a su padre y a su madre para unirse a su esposa, y los dos llegan a ser como una sola persona.*
>
> GÉNESIS 2.24 DHH

Los periódicos lo presentan claro: «Un hombre que estaba peleando con su novia, se aguantaba de la capota del auto mientras le daba puños a través de la ventana. Ella siguió manejando más de una milla por una congestionada autopista» (*Tampa Tribune*, 25 de febrero 2009).

«Cuando su esposa necesitó un trasplante de riñón, Richard Batista le donó uno. Ahora que Dawnell Batista le ha solicitado el divorcio, Richard quiere que le devuelva su riñón, como parte del acuerdo de divorcio» (*Tampa Tribune*, 8 de enero 2009).

«Un hombre que al despertarse notó que estaba sangrando en la cabeza, manejó hasta su trabajo y le dejó una nota a su jefe, antes de salir para el hospital y descubrir que tenía una bala alojada en su cerebro... más tarde, su novia aparentemente se quitó la vida cuando la policía quiso entrevistarla» (*Tampa Tribune*, 28 de diciembre 2005).

Titulares como estos dejan el romance con un ojo morado. Relaciones disfuncionales y estresantes son precisamente lo que las mujeres *no* necesitamos. Leemos novelas románticas, devoramos los chismes románticos de la farándula, vemos películas de amor y soñamos con escenarios del tipo «y fueron felices para siempre», pero podemos deprimirnos cuando la vida romántica real parece ser solo un cuento de hadas.

Tal vez el romance no *tiene* que ser ilusorio… si lo alteramos un poco.

En la isla Orango, cerca de la costa occidental de África, es costumbre que las mujeres le propongan matrimonio a los hombres. ¡Tremenda idea! Las muchachas escogen a sus chicos, luego se les declaran ofreciéndoles un plato especial de pescado marinado en aceite de palma roja. No tienen que preocuparse por que las rechacen porque los hombres *siempre* aceptan (¿qué te parece esta manera de eliminar el estrés de una relación?). Rechazar la propuesta implicaría deshonrar a sus familias, y además, es un hecho aceptado lo que un isleño casado por cincuenta años afirmó: «El amor llega primero al corazón de la mujer. Una vez está en la mujer, entonces salta al del hombre».

Anda, mi hermano, sigue con el sermón.

Hoy día, la cultura occidental se está filtrando cada vez más en la vida isleña, y los hombres están comenzando a enamorar a las mujeres. Y como bien sabemos, la sanguijuela del deseo a veces tiene más poder que la picada del amor.

«La decisión de una mujer es mucho más estable», admite Cesar Okrane, un isleño de noventa años.

«Antes, rara vez teníamos divorcios. Ahora, con los hombres escogiendo, el divorcio se ha vuelto algo común».

¿Acaso esta gente sabe algo que desconoce nuestra sociedad tecnológicamente avanzada, sofisticada y con un sesenta por ciento en índice de divorcio? ¿Será que los hombres y las mujeres ven el romance de un modo distinto?

Digo, con solo echar un vistazo a la naturaleza confirmamos lo que ya sabemos sobre el género masculino. ¿Nunca te has preguntado por qué Dios creó el plumaje del cardenal macho de un rojo tan dramáticamente brillante mientras que las hembras llevan un atuendo tan aburrido? Es como si los pájaros machos llevaran esmoquin mientras que a las hembras las visten con batas de casa. Los machos revolotean exhibiendo sus llamativas plumas, mientras que las hembras están ocupadas pasando la aspiradora en el nido y preparando hamburguesas de lombrices para que coman los pajarillos.

Y los cardenales no son los únicos pájaros obsesionados con las apariencias.

En un estudio científico, publicado en *Current Biology* (ejemplar de junio 2008), unos investigadores en New Jersey usaron marcadores para oscurecer el color de las plumas naranja en el pecho de las golondrinas machos para probar cuál era la reacción de las hembras. Aparentemente, el atuendo también tiene su impacto en el mundo aviario, porque la testosterona de los machos aumentó significativamente en el transcurso de una semana de llevar puesto su nuevo vestuario. Aquellos tipos debieron haberse sentido muy seguros de sí mismos, y las chicas parecen haberlos considerado también mucho más guapos porque las estadísticas de apareamiento se dispararon de inmediato.

Sin embargo, como sabe toda mujer que se casó hace veinte años con un hombre con pelo en la cabeza y no saliéndole de cualquier otro orificio en su cuerpo rechoncho, las apariencias no siempre son lo más importante. Ser *caliente* no tiene nada que ver con el matrimonio. ¡Eh, los tamales y el infierno son *calientes*!

Otras cualidades son más importantes. Lealtad. Devoción. Que recojan del suelo los calcetines apestosos. Mira, por ejemplo, el ave tejedora (¡con solo leer el nombre sabes que esta chica es muy organizada!). Ella es evidencia de que el sentimentalismo es inaceptable y se niega a aparearse con un macho que no sea organizado. Nuestra chica ni siquiera levanta una pluma hasta que su novio prospecto derriba su nido mugriento y mediocre, y lo reconstruye según las especificaciones de nitidez de ella.

¿No crees que podemos aprender algo de estas criaturas? Job sabía algo cuando dijo: «Pregunta ahora a las bestias, y ellas te enseñarán» (Job 12.7 rvr1960).

¿Y qué de esos cangrejos de mar en California? Los cangrejos hembras inspeccionan en promedio a unos veintitrés cangrejos machos y sus madrigueras antes de escoger a su pareja. Obviamente esas madrigueras tienen mucha influencia al momento en que las chicas crustáceas toman sus decisiones. Ellas no se meten en la madriguera con cualquiera. ¿No te parece que debe ser así también con las humanoides en dos patas? Después de todo, ¿qué tiene de malo ser selectivas en nuestras relaciones? ¿Acaso no es ese el mensaje esencial de 2 Corintios 6.15? «¿Cómo puede un creyente asociarse con un incrédulo?» (NTV). Con frecuencia, es esa fe compartida la que mantiene unida una relación que se está marchitando hasta que puede reacondicionarse. Nuestro Señor se especializa en reparar rasgaduras en las relaciones. Él se siente más que contento de proveer fortaleza a la cuerda matrimonial cuando dos de los hilos se debilitan: «¡La cuerda de tres hilos no se rompe fácilmente!» (Eclesiastés 4.12 NVI).

Sí, el romance es mucho más que vino y rosas. O soda y perros calientes, si lo prefieres. En una ocasión escuché a un hombre presentar a su esposa como «mi esposa trofeo». Cuando le preguntaron por qué usaba ese término, miró a su esposa con adoración en sus ojos y contestó con una amplia sonrisa: «¡Porque me gané el premio!». ¡Qué manera extraordinaria de este hombre ver el amor!

Según 1 Corintios 13.4-6, el verdadero amor romántico está arraigado en la aceptación incondicional que Dios demuestra hacia nosotros:

El amor es paciente, es bondadoso. El amor no es envidioso ni jactancioso ni orgulloso. No se comporta con rudeza, no es egoísta, no se enoja fácilmente, no guarda rencor. El amor no se deleita en la maldad sino que se regocija con la verdad. (NVI)

¡Vaya maneras de intensificar el romance! Imagina el potencial de una relación en la que ambas personas sean pacientes y bondadosas, que no se comporten con rudeza, ni sean egoístas, ni guarden rencor. Una relación verdadera en la que los sentimientos de dolor no se acumulan y los errores pasados son totalmente perdonados y olvidados. Donde la verdad es la norma y la transparencia no es arriesgada.

Este modelo celestial —que describe la manera en la que nos trata el amante de nuestras almas— es nuestra meta para tener relaciones terrenales óptimas. Un refugio seguro, libre de estrés, para dar, dar y dar todo el amor que fluye de nuestros corazones. El amor *eros*, el tipo de amor romántico y apasionado que Dios creó específicamente para que el hombre y la mujer tengan una relación única.

¡Ah! ¡Se siente el romance en el aire!

Así que la próxima vez que tu hombre saque el marcador para añadir un poco de color a sus plumas, echa un poco de aceite de palma roja en el sartén y ¡prepárate para la acción!

> No amas a alguien por su físico, ni por su vestimenta,
> ni por su auto último modelo, sino porque te canta
> una canción que solo tú puedes escuchar.
>
> AUTOR DESCONOCIDO

DES-ESTRESÉMONOS

1. Reflexiona por un momento en la experiencia más romántica que hayas tenido en tu vida (estoy hablando de emociones —corazones conectados—, no necesariamente algo físico). Te estás sonriendo, ¿cierto? ¡El amor nos hace eso!

2. ¿Qué elementos contribuyeron a que ese momento romántico fuera tan especial?

3. ¿Cómo puedes incorporar Eclesiastés 4.12 en tu relación actual para convertirla en la unión más duradera y fuerte de todas?

Nueces en la masa

(Lidiando con personas difíciles)

*Si alguien los trata mal, no le paguen
con la misma moneda. Al contrario,
busquen siempre hacer el bien a todos.*

Romanos 12.17 TLA

Recientemente, un millonario en mi ciudad apareció en los titulares como «el peor vecino del mundo». Luego de una disputa sinfín con el vecino de la mansión adyacente en una comunidad con campo de golf muy elegante, este respetado empresario comenzó a dejar mensajes amenazantes en la contestadora de teléfono de su enemigo a las cinco de la tarde un domingo en la mañana. Luego, estrelló su carrito de golf en el garaje para cuatro autos de su vecino (aparentemente luego de haber ya entrado a la casa) y comenzó a dar golpes en la puerta.

Esto no causó suficiente alboroto, así que comenzó a lanzar fuegos artificiales M-80 en el patio del vecino. No estoy bromeando.

Estoy segura que alguna vez has tenido que lidiar con personas como estas, ¿cierto? Gente difícil —ampollas en el trasero de la humanidad, personas irritantes que no dejan de quejarse, espinas en el costado, adversarios fastidiosos, gente problemática y pesada… en resumen, son NIBs (Nueces en la masa, por sus siglas en inglés).

Hay NIBs de todas las condiciones sociales: ricos, pobres, viejos, jóvenes, todas las formas, tamaños y sexos. Algunas son parte de la familia, otras son extrañas. (Algunas más extrañas que otros.) Muchas merecen el título (acéptalo, todas, en algún momento de nuestras vidas nos hemos ganado el cinto de NIB, y la tiara también); a algunas personas se les ha conferido el título prematuramente. Pero todas las

NIBs tienen una característica en común: una conducta egoísta que nos crispa los nervios.

Pensar en esto me hace recordar un estudio sobre primates del que leí hace poco. ¿Acaso no te encanta la transparencia de los animales? Son como seres humanos al desnudo, que se han desprendido de toda su cortesía y fingimiento. Esto fue lo que leí: en la Universidad de California, en Los Ángeles, se les ofreció a unos chimpancés muchas oportunidades para que compartieran unas bananas con otros monos, pero simplemente no lo hacían. Y toma en cuenta que ellos no perdían sus bananas, solo tenían que apretar un botón para que le cayera una banana adicional a su vecino del lado. Estos chicos peludos entendían perfectamente las consecuencias del botón, pero decidieron no apretarlo.

El estudio concluyó que, aunque son animales sociales y que a veces muestran indicios de cooperación entre ellos, los chimpancés se rehúsan consistentemente a mostrar compasión por sus compañeros. Se mantienen indiferentes y poco compasivos, aun cuando la bondad no les cuesta nada. En otras palabras, los demás no les importan ni un poquito.

Después de un enfrentamiento con una NIB que pudo haberse escapado de ese estudio, haberse quitado con cera todos los pelos del cuerpo y haberse vestido con un par de Dockers, decidí que simplemente no puedo permitir que esa gente imprudente me convierta en una mona. Así que busqué en la Biblia para ver cómo Papá Dios nos instruye para lidiar con las personas difíciles. Anda, busca tu Biblia y exploremos esto juntas:

+ Mateo 5.44: Ora por ellas. Especialmente por su salvación. ¿Sabes qué? La gente no tiene que caerte bien para que ores por ellas. Sin embargo, te puede sorprender cómo el rencor se transforma en algo distinto cuando estás de rodillas.

+ Santiago 5.16: Ora por la sanidad de la relación quebrantada entre ustedes. No ores para que Dios cambie a los demás (solo Él puede decidir eso), sino para que te permita verlas a través de Sus ojos. La Ley de las Cinco puede ayudarte a verlas de la manera en que las ve el Creador: piensa en cinco características positivas sobre tu NIB antes de permitirte tener un pensamiento negativo. No solo tu esfuerzo de verles bajo una luz positiva marcará una diferencia en ti, sino que puede sorprenderte la respuesta de ellas ante tu sutil cambio de actitud.

+ Proverbios 29.22: Aplaca tu coraje. Desahógate de una forma saludable. Grita en tu almohada. Dale una paliza a una bola (¡adivina por qué juego tenis!). Vacía tu coraje en una carta larga, y luego destrúyela. Confía en una amiga íntima, pero cuídate de no caer en la trampa de avivar tu fuego con su empatía.

+ Levítico 19.16: Resiste la tentación de contarle a todo el mundo sobre la injusticia que has sufrido. El chisme (aunque esté enraizado en la verdad), siempre termina en dolor.

+ Filipenses 4.6–7: Relájate. No *tienes* que ganar. Jesús ya ganó. La necesidad de querer dominar cada argumento siempre resulta en pérdida: pérdida de respeto, amistad, paz y relaciones. Como aconseja mi pastor, Mark Saunders: «Escoge perder. Rehúsa ganar».

+ Santiago 3.5: No es necesariamente malo fantasear sobre esa respuesta enérgica que no pronunciaste durante un enfrentamiento, pero *no* la digas en la voz alta. Convierte esa conversación en un evento mental corto, y luego borra ese video de respuesta mordaz de tu cabeza. Puede sentirse catártico mientras estás visualizando tu monólogo tipo te-estoy-poniendo-en-tu-sitio, pero con el tiempo sentirás una satisfacción más profunda por haberlo editado, que si hubieras pronunciado la escena en vivo. Además, ¡recibes la señal de aprobación del Gran Evaluador!

+ Mateo 5.38–41: ¿Qué haría Jesús? Un cliché, tal vez, pero definitivamente aplicable. ¿Recuerdas cómo Él permaneció en silencio ante sus acusadores en Su juicio de crucifixión (ver Mateo 27.12–14)? ¿Alguna vez te has preguntado si, en su interior, Jesús se estaba quejando ante la injusticia que cometían contra él? Tú o yo seguramente lo hubiéramos hecho. No importa cuánta injusticia hayas sufrido, por fuera, compórtate como Cristo, ora pidiendo

Su poder, y tus emociones y pensamientos se transformarán gradualmente hasta parecerse más a los de Jesús. Si al principio tienes que pretender, ¡hazlo! La *actuación* se convertirá en *hecho* a medida que Dios te cambia de afuera hacia dentro.

+ Salmo 37.8: Sentir coraje no es pecado; es humano. Actuar según él es pecado.

+ Proverbios 3.5–6: Reconoce que están ocurriendo muchas cosas que no puedes ver. Solo Dios conoce lo que hay realmente en el corazón de esa persona, y Él está en control. Me ayuda mucho visualizar a esa persona difícil como una nuez difícil de romper. Es menos estresante lidiar con una nuez brasileña en la masa, que con una tarántula.

+ Proverbios 16.7: Responde, no reacciones. Toma control de tus actitudes y acciones. No puedes controlar las de tus NIBs, pero sí eres responsable por las tuyas.

+ Hebreos 13.6: No permitas que la ansiedad ni el miedo te dominen.

+ Romanos 12.19–21: Cuando finalmente estés lista para soltar la situación, imagina que estás empacando tu coraje en una caja y que estás viendo al camión de UPS llevándosela. Entrégasela a Dios y no vuelvas a recogerla. Cuando la venganza toque a la puerta de tu corazón, dale vuelta al cerrojo e imagina el guardalodos de ese camión alejándose en el horizonte. El coraje ya no te pertenece. Se lo entregaste a Aquel que lidiará con él en tu lugar. Permítele que lo haga.

Mi querida amiga, los conflictos sin resolver pueden, sin duda alguna, aumentar tus sentimientos de ansiedad y tensión, y estos pueden acentuarse con el paso del tiempo. Igual que la mugre que se acumula en las esquinas de la ducha, el residuo emocional puede ensuciar las esquinas de tu paz sin que ni siquiera nos demos cuenta. A pesar de lo inquietante que puede ser en el momento, es importante lidiar con esas situaciones a medida que aparecen, y no cargar con ellas durante semanas, y hasta años, como un cesto con pañales sucios.

Con frecuencia, esas personas difíciles están en nuestras vidas para unos propósitos que no podemos ver. Los propósitos de Dios. Tal vez para que maduremos y lijemos, con la fricción de ellas, nuestras esquinas afiladas.

Recuerda, ¡es posible que tener algunas nueces en nuestra masa le añada algo de sabor!

Las suposiciones son el comején de las relaciones.

HENRY WINKLER

DES-ESTRESÉMONOS

1. Según Romanos 12.17–18, ¿cuál es nuestra meta principal al lidiar con personas difíciles?

2. ¿Cuáles son las «nueces en tu masa»? ¿Te inclinas más a tratar de pulverizarlas o a acercarlas con gentileza?

3. ¿Alguna vez has revivido una confrontación y se te han ocurrido una docena de respuestas acusatorias, al estilo Sandra Bullock, en las que te gustaría haber pensado? No te preocupes, casi todo el mundo lo hace. ¿Has considerado alguna vez que tal vez Dios nos dio esas respuestas iniciales por alguna razón?

Herencia familiar

(CREANDO LEGADOS)

*No les ocultaremos estas verdades
a nuestros hijos; a la próxima
generación le contaremos de las
gloriosas obras del Señor.*

SALMO 78.4 NTV

«No me parece que *esa mujer* sabe de lo que está hablando», dijo Mamá mientras aspiraba arrogantemente.

«¿Cuál mujer?», le pregunté, más confundida que lo usual. «No hay ninguna otra mujer aquí, excepto tú y yo».

Mi madre, de ochenta y un años, estaba sentada en la butaca de nuestra mini van, rodeada de mapas que había recogido por todas partes. Chuck y yo nos habíamos ofrecido a ser los choferes de mis padres, ambos octogenarios, desde su casa en Florida para visitar a unas amistades en Virginia. A pesar de que le habíamos asignado la silla de atrás durante nuestra travesía de seis días, Mamá había asumido una posición estratégica desde la que podía dar instrucciones a su yerno.

«*Esa mujer* no conoce estos caminos vecinales como yo los conozco». El acento sureño de mamá tenía un aire de resentimiento, mientras miraba el monitor de nuestro GPS, pegado en el parabrisas, y por el que hablaba una voz femenina. Mamá se había pasado peleando con *esa mujer* en cada curva durante las pasadas cuatrocientas millas. Suspiro profundo.

Según el Diccionario de la lengua española, un *legado* es «aquello que se deja o transmite a los sucesores, sea cosa material o inmaterial». Esto incluye lo bueno, lo malo y las locuras. Ciertamente, siempre hay algunas particularidades sospechosas que nadan en nuestra alberca genética, pero hay algunas que por nada en el mundo engancharíamos de nuestros anzuelos públicamente.

Como la inclinación de hacer constar lo obvio que heredé de la mamá de mi papá, abuela Mitchell. Abuelita era una paloma regordeta a quien nadie nunca vio sin su boina escocesa bordada sobre sus apretados rizos grises. Ella tenía boinas escocesas de todos los colores en el catecismo (¿crees que sea casualidad que mi familia use esa misma frase sobre mis alegres sombreritos?). Abuelita era una versión bulliciosa y sin filtro de la tía Bee de Mayberry, acento sureño incluido.

Una fresca tarde de otoño, mientras mi hermana y yo estábamos en su pequeña casa en Georgia en una visita obligada de fin de semana, Abuelita decidió que sería divertido llevarnos a las dos —ambas recién comenzando la adolescencia— al juego de fútbol americano de la escuela secundaria. Hasta el medio tiempo, nos la arreglamos, de alguna manera, para sobrevivir la gran vergüenza de ser escoltadas por nuestra exuberante abuela, vestida de la forma menos «cool» que puedas imaginarte, en su vestido de domingo floreado (y la boina, por supuesto).

Y entonces todo, todo se vino abajo.

Mientras la banda de marcha salía del campo de juego, un perro callejero se las arregló para llegar hasta la línea de cincuenta yardas y se puso en cuclillas. Abuelita pensó que esto era extraordinariamente gracioso. Mientras mi hermana y yo intentábamos escurrirnos por el espacio para los pies en las gradas, Abuelita se paró delante de Dios y del resto del mundo, señaló hacia el espectáculo del medio tiempo y anunció a toda el ala este del estadio: «¡Miren! ¡Allí hay un perro haciendo de las suyas en el medio del campo de juego! ¡Ja, ja, ja!».

Aunque ella ya partió a su hogar celestial, algunos recuerdos siempre me conectarán con Abuelita. Un broche con una mariposa tallada. Sus paisajes pintados a mano que hoy exhibo en mi pared. Su enorme tazón de cristal para mezclar, que la trae justo a la cocina conmigo cada vez que horneo algo. Recuerdo ese tazón desde mi niñez como algo reconfortante en la cocina cálida y llena de amor de abuelita. Ahora adorna la mía. Mi hija hoy dice que ese tazón también le trae gratos recuerdos de su niñez.

Abuelita me enseñó el delicado arte culinario de preparar *floats* de Coca-Cola (en Georgia, nunca se decía solo «Coca»), con helado de vainilla, acompañadas de donas hechas en casa. Aplanábamos la masa enlatada para hacer *biscuits* con un frasco de jalea, cortábamos círculos con las tapas de los frascos de canela, freíamos la masa en manteca, luego agitábamos aquellas maravillas en una bolsa de papel llena de azúcar pulverizada, hasta que quedaban cubiertas en la dulce nieve. Igual que entonces, yo pasé muchos viernes disfrutando con la familia y enseñándoles estas destrezas de vida esenciales a mis hijos.

Es gracioso percatarse de cuántos de nuestros legados envuelven comida, ¿no crees?

Mientras yo crecía, era una rutina familiar el cenar juntos, y cuando llegaron nuestros hijos, Chuck y yo, por costumbre, apagábamos el televisor y reuníamos a nuestras tropas en la mesa por lo menos una vez al día. ¿Crees que exista una mejor manera de comunicación? ¿De sentir el pulso de la familia y formar lazos duraderos?

No estamos hablando aquí de buena nutrición. Estamos hablando de separar tiempo intencionalmente para inculcar valores, identidad familiar y una buena autoestima en nuestros hijos. Y tal vez algo de buenos modales también. Si ellos no aprenden de nosotros estos principios importantes, que moldean el carácter, ¿de dónde los van a aprender? ¿De sus amistades? ¿De la internet? ¿De los *reality shows*?

Un pensamiento que asusta, ¿no crees? Preocuparnos por las influencias negativas en nuestros hijos es una causa importante de estrés en las mujeres, pero es un gran alivio saber que podemos hacer algo al respecto.

Un estudio realizado por la Universidad de Columbia reveló que los adolescentes que cenan con sus familias cinco o más veces por semana son menos propensos a fumar, beber y pasar tiempo con amistades sexualmente activas. Joseph A. Califano Jr., director y presidente del

National Center on Addiction and Substance Abuse, lo explica de una manera perfecta: «El vínculo de los padres es un arma crítica en la batalla contra el abuso de sustancias controladas. Si tuviera una varita mágica, haría que todo el mundo cenara en familia».

¿Mi resumen? La familia que mastica unida, se mantiene unida.

¡Y cuántos recuerdos divertidos nos quedan de estas pequeñas reuniones! Apuesto que tienes muchos, igual que yo. Como la ocasión en que mi pequeñín pintó con salsa de espaguetti su ropa, su silla de comer y la pared que estaba detrás. O cuando Matthew, ya casi un adolescente, hizo un comentario de sabelotodo referente a que los varones eran superiores a las niñas, y se ganó un vaso de agua helada sobre su cabeza justo en la mesa. De su, um, mamá. O sea, yo. Ok, sigamos.

El punto es, por supuesto, que pasamos pedacitos de nosotras a nuestros hijos; y a su vez, esos trocitos siguen pasando de generación en generación, interminablemente. No podemos hacer nada con los pies planos ni las pecas que heredan, pero si *podemos* transferir intencionalmente rasgos específicos que forman el carácter: la dependencia de Dios, la importancia de la oración, la lealtad, la integridad, el amarnos y protegernos unos a otros en la familia.

La clave está en preguntarnos: ¿estoy viviendo mi fe en voz alta? ¿Es mi prioridad asegurarme que mi legado incluya una relación viva y dinámica con mi Padre celestial? ¡Nunca es demasiado tarde para sentar las bases de una dinastía de fe sólida y duradera!

Las familias se parecen muchísimo al chocolate: son dulces, exquisitas, tienen algunas almendras chifladas, y pueden perturbar el proceso intestinal cuando se consumen en grandes cantidades.

DEBORA M. COTY

DES-ESTRESÉMONOS

1. ¿Cuáles son algunos de tus recuerdos de la niñez preferidos con tus padres y abuelos? ¿Qué características específicas heredaste de ellos?

2. Según Proverbios 8.19–21, cuando compartimos con nuestros seres queridos la riqueza espiritual, más que la material, ¿qué llena sus tesoros?

3. Menciona las tres características que más anhelas pasar a tu progenie.

Latitud de gratitud
(Viviendo agradecidas)

*Todo lo que has hecho por mí, Señor,
¡me emociona! Canto de alegría
por todo lo que has hecho.*

Salmo 92.4 ntv

Señor, hoy no vas a escuchar ninguna canción alegre de mi parte. No. Ni una sola nota. Un chillido de frustración, tal vez, o un lamento de desilusión. ¿Qué tal si rayo mis uñas en el pizarrón?

Esto es lo que está pasando. Es mi aniversario de bodas número treinta. *Debería* estar feliz, regocijándome por la obra de Tus manos. Tú fuiste el imán que nos unió a Chuck y a mí cuando éramos estudiantes universitarios, y has cosido las puntadas que han mantenido unido nuestro matrimonio por tres décadas.

Pero, Papá Dios, Tu hombre dejó caer la pelota. Era su turno de planificar nuestra gran celebración. Yo ingenié una excursión de costa a costa para ver a su banda favorita para nuestro vigésimo aniversario. Planificar cada detalle, mientras lo mantenía en secreto, fue un tremendo dolor de cabeza, pero valió la pena ver el deleite en su rostro cuando le revelé la sorpresa en el aeropuerto.

Tú conoces la historia, Señor. Como nuestro aniversario veinticinco fue justo después del desastre del 9/11, Chuck pensó que era mejor que no viajáramos, así que pospusimos los planes de nuestras vacaciones en Europa (que yo había tramado, por supuesto) para este año. He esperado con anticipación estas vacaciones por diez años. Hice muchísimas insinuaciones de que quería ir a algún lugar que nunca hubiera visitado antes y hacer algo completamente fuera de lo ordinario. Algo especial

—una experiencia que los dos pudiéramos compartir y atesorar por siempre. Hasta pedí una semana de vacaciones en el trabajo para acomodar el viaje intercontinental.

Me divertí muchísimo con mis compañeras de trabajo soñando sobre los posibles destinos. Edimburgo sería fabuloso en este tiempo del año, o hasta Londres. Siempre he querido explorar Roma. Pero si no era Europa, por lo menos las Cataratas del Niágara o el Gran Cañón. (Chuck se inclina hacia la frugalidad. Ok, déjame decirlo mejor, ¡es un tacaño!). Pero está bien. También anhelo ver nuestro hermoso país de costa a costa. No hay problema.

Entonces, ¿qué emocionante viaje planificó mi querido esposo? Un fin de semana en la playa a una hora de la casa. ¡Por amor de Dios, nosotros vivimos en Florida! ¡El agua y la arena nos llegan a las narices! ¿Qué rayos le pasa a este hombre que me diste, Señor?

Tuve que cancelar mis vacaciones y regresar al trabajo con el rabo entre las piernas, mientras escuchaba el bombardeo por todas partes: «¿Adónde fuiste finalmente?» «¿Por qué estás de vuelta tan pronto?» «¿Te sorprendió tu esposo con un fin de semana en París?» «¿Un show de Broadway en Nueva York?».

Así que aquí estoy, hirviendo en resentimiento, mientras leo un email de mi amiga Sue que dice que ella y su esposo van en camino a Barcelona para tomar un crucero de aniversario por el Mediterráneo para celebrar su trigésimo aniversario. Otro email donde Janis me recuerda que su esposo —por iniciativa propia— planificó un viaje a Jamaica para celebrar el aniversario veinticinco. Y luego Cynthia me pide oración para su próximo viaje de aniversario a Washington D.C. ¡Aaaaahhhh!

¿Acaso le pueden echar más sal a mi herida?

¿Qué? ¿Dijiste algo, Señor?

No, no creo que quiera al esposo de Cynthia. Ni el de Janis ni el de Sue. Bueno, tal vez el de Sue. No, tienes razón, Padre, no intercambiaría esposos con ellas por ningunas vacaciones en el mundo. Pero, ¿por qué mi esposo no puede estar más sintonizado con mis necesidades y deseos?

¿Por qué no puede estar más dispuesto a darme la *buena vida*, a cubrirme con amor, adoración y atención absoluta?

Eso me parece extraño, Papá Dios. Parece que te escuché decir: «Porque ese es *Mi* trabajo».

¿Lo dijiste? Oh. Bueno. Permíteme marinarme un rato en ese pensamiento. ¿Qué dijiste otra vez? Sí, sí, te escucho, Padre: Dale un poco de latitud al hombre. Es un simple ser humano. Tiene limitaciones.

Ah, Señor de misericordia, ¿puedes repetirme *eso* otra vez?

¿Gratitud? ¿Quieres que esté agradecida? ¿De qué? Ok. Ok. Estoy pensando. Bueno, Chuck *sí* invirtió tiempo buscando el hotel más adorable en nuestra ciudad. Y por lo menos hizo el esfuerzo de hacer reservaciones para cenar en aquel lindo restaurante. Y cuando nos mojamos en aquel aguacero y el manubrio de la bicicleta que alquilamos me manchó mi nueva blusa blanca, él se pasó tres horas estregando todos los removedores de mancha que pudo encontrar hasta que quitó la mancha.

Con esto acumuló algunos puntos, lo acepto, pero todavía el puntaje no llega ni a diez.

¿Me estás diciendo que quieres que trabaje en vivir agradecida? Jumm. A pesar del trabajo que me da admitirlo, me parece que es una buena idea, Padre.

De hecho, acabo de leer acerca de un estudio conducido por una universidad que concluyó que las personas que son continuamente agradecidas gozan de mejor salud mental y física. Es como ir al gimnasio —no puedes ir solo una vez y esperar ver beneficios; tienes que convertirlo en un hábito. Vivir agradecidas no es algo que nos llega naturalmente; es una disciplina que tenemos que considerar lo suficientemente importante como para adoptarla. Como separar un tiempo de meditación diaria o usar el hilo dental.

Me parece extraordinario que haya estudios que de verdad comprueben que la gente agradecida es menos envidiosa y resentida. Las personas agradecidas duermen mejor, son más activas físicamente y tienen una mejor presión sanguínea. Creo que puedo sacarle a eso algo de provecho, Señor. No tienes que seguir dándome golpecitos en el codo. Ya lo estoy entendiendo. Un estilo de vida agradecido tiene sus beneficios. A fin de cuentas, no puedo estar deprimida y agradecida al mismo tiempo.

Y bueno, en lo que respecta a este hombre que Tú escogiste para mí, tal vez las acciones hablen más algo que las tonterías. Lo que quiero decir es que sé, gracias a sus detalles conmigo, que él me ama. Entonces, tal vez algunas cosas que no son tan «detalles» pueden perdonarse. Y olvidarse.

Tienes razón, Padre —tal vez no debo olvidar todo. Algunas cosas deben recordarse. Como el nuevo monitor para mi computadora que me regaló en mi cumpleaños el pasado noviembre. Yo no quería un nuevo monitor. Quería ir a esquiar. Me comporté tan malagradecida (*¿qué rayos* tenía yo en la cabeza?), que el pobre hombre intentó devolverlo a la tienda. Cuando la tienda se negó a tomarlo de vuelta, Chuck lo envolvió otra vez con un lindo papel de regalo, le añadió un enorme lazo rojo y ¡quién lo iba a decir!, el monitor reapareció debajo del árbol de Navidad. Nos reímos los dos a carcajadas cuando lo vi y terminó gustándome el monitor. ¡Imagínate!

Tal vez *sí* cante de alegría después de todo. Y busque algo por lo cual estar agradecida todos los días. ¡Y siga practicando mi francés para cuando llegue mi turno de planificar su maravillosa sorpresa para celebrar nuestro aniversario número treinta y uno!

Aun cuando tenga dolores, no tengo
por qué ser uno de ellos.
MAYA ANGELOU

Des-estresémonos

1. ¿Puedes pensar en cinco razones para dar gracias en este mismo minuto?

2. ¿Hay alguien en tu vida que provoca que eleves una continua oración por una actitud agradecida? ¿Qué tiene él o ella que te vuelve loca? ¿Qué tal si esa persona es una bendición? Anda, ¡piensa detenidamente!

3. Colosenses 2.7 nos aconseja que estemos «arraigados y edificados en él ... y llenos de gratitud» (NVI). ¿Qué pasos puedes dar para crear el hábito de vivir agradecida todos los días?

Charla entre chicas

(Amigas que infunden aliento)

Uno solo puede ser vencido,
pero dos podrán resistir.

Eclesiastés 4.12 dhh

¿Acaso tu corazón no se detuvo cuando la astronauta Heidemarie Stefanyshyn-Piper perdió su cartera mientras la televisión internacional transmitía su caminata espacial hace algunos años?

En realidad, era su bulto de herramientas y no fue su culpa —una pistola de aceite explotó mientras ella estaba engrasando un panel solar. Mientras ella limpiaba afanosamente aquel reguero de aceite, el bulto se resbaló de su mano enguantada y el mundo entero vio cómo su cartera intergaláctica se fue flotando, seguramente para ir a parar al clóset de alguna elegante dama marciana.

Supongo que los hombres que veían el noticiero simplemente se encogieron y cambiaron el canal para ver algún partido, pero te apuesto que no soy la única mujer que se identificó totalmente con la mortificación de esta hermana espacial. No puedo contar el número de carteras que he perdido. Hay algunas cosas que solo las mujeres pueden entender. Como el porqué los invitados que llegan sin avisar pueden provocarnos tanto estrés. O ¿porqué tomamos el celular en la mano cuando vemos una pegatina que pregunta: «Cómo estoy manejando Llama al 1-800…»? O ¿cómo leer la temperatura de tu hijo con solo mirarlo a los ojos? O que es absolutamente necesario tener cuatro pares de zapatos negros. O que tu perro necesita un abrazo en lugar de un golpecito cuando te ve acariciando un gato y luego reaparece dos minutos más tarde con tu figura de cerámica favorita en la boca.

Y, claro está, también tenemos el FVR. Ya sabes, el Fenómeno de la Vejiga que Revienta. Esa ley natural inexplicable que transforma una taza de seis onzas de té caliente que nos tomamos antes de acostarnos en dos cuartos de líquido a las dos horas de habernos acostado. Y luego, misteriosamente, se transforma en un litro de líquido adicional cada media hora.

Las mujeres estamos unidas en ese tipo de tonterías. Sí, las amigas llenan los huecos en nuestras relaciones con los demás... especialmente los sumideros profundos. Las amigas nos hacen reír cuando menos lo esperamos. Me encanta un email que recibí de Nina, mi amiga hispana (que escribe con el mismo acento que habla), sobre su contribución para un desayuno entre amigas que se aproximaba: «Tengo a la mano un poco de "yougart", crema batida, almendras y algo de frutas. Puedo hacer un "concussion" con eso».

No existe ninguna otra persona en este mundo con la que compartiría una «contusión de yougart».

Las amigas son la forma en la que afinamos nuestro parecido a Cristo. Acéptalo, no existen amigas perfectas; si esperamos hasta encontrar una antes de relacionarnos con otras mujeres, vamos a estar solas para siempre. Cuando pasamos tiempo juntas, aprendemos cómo estar presentes para nuestras amigas; cómo ser cariñosas, comprensivas e imparciales. Practicamos el ofrecer perdón y compasión, tal como nuestro amigo Dios hace con nosotras cuando pasamos tiempo con Él.

Desarrollamos paciencia en estas relaciones de dar y recibir con algunas mujeres que son verdaderas *amigas*, no simplemente con aquellas con las que somos amigables. Les entregamos nuestra atención, lealtad y confianza. A cambio, recibimos afirmación, seguridad y consejo sincero. Consejos valiosos de parte de alguien que desea, tanto como nosotras, que solucionemos nuestros problemas. «El dulce consejo de un amigo es mejor que la confianza propia» (Proverbios 27.9 NTV).

Pero, ¿qué pasa cuando descuidamos a esas amigas especiales? ¿Cuándo estamos tan ocupadas o distraídas que no las valoramos y dejamos de sacar tiempo para ellas?

¿Has visto alguna vez un jardín descuidado? ¿Un jardín que una vez fue hermoso y que estaba bien atendido, y que ahora luce horrible, con plantas enredadas y yerbajos asfixiantes? El lugar precioso que una vez hacía que los ojos brillaran de alegría, ahora comienza a provocar repulsión. Todo debido a la falta de atención. A la falta de inversión. Indiferencia.

Entonces, ¿cómo encontramos tiempo para cuidar la relación con nuestras amigas para que no se conviertan en jardines descuidados? ¿Para mantener esa relación única en la que podemos descansar, donde podemos desnudar nuestros nervios estropeados y nuestras almas afligidas? ¿Para ser la amiga que nuestra amiga necesita y así estar seguras que nos estamos cubriendo mutuamente las espaldas?

+ Haz que tu tiempo con tus amigas sea una prioridad. Considera este tiempo como algo crucial para tu cordura.
+ Invierte de ti. Planifica anticipadamente y separa tiempo para esta relación de por vida.
+ «Hagan sus vidas» juntas. Pon en agenda ese tiempo de charla entre chicas —semanalmente, si es posible, o por lo menos cada dos semanas. Sé creativa buscando oportunidades para estos encuentros: váyanse de compras juntas (de todos modos tienes que hacerlo, ¿cierto?), véanse para tomarse un café o para almorzar, manejen juntas a eventos comunes, arreglen momentos de juegos entre sus hijos, o presten servicios voluntarios en la misma escuela, iglesia o eventos comunitarios.
+ Crezcan juntas. Combina el crecimiento espiritual y el emocional. Unan fuerzas para organizar un grupo de estudio bíblico o de oración. Ríndanse cuentas mutuamente. Mantengan diarios de oración y compartan notas sobre la maravillosa gracia de Dios en sus vidas.
+ Envíense notitas. Y no me refiero a los corazones rojos el 14 de febrero. Déjale saber a tu amiga que estás pensando en ella y orando por ella durante la semana. Hazlo por medio de emails personales

(¡no solo reenviando otros emails que recibes!), notitas o llamadas rápidas. Añade estas oportunidades a tu calendario para que no se te olviden.

+ Celebren juntas. Por cualquier cosa y por todo. Horneen bizcochos, inflen globos, abrácense, pónganse coronas, griten, aplaudan. La vida está hecha de pequeños logros... ¡no te obsesiones tanto con los huequitos que te pierdas la dona!

+ Tómense de manos durante los momentos difíciles. Físicamente, claro está, pero también emocionalmente. Nadie puede apoyarte como una amiga. Ella te necesita. Tú la necesitas. En formas inexpresables. Cultiva esa relación a un nivel mucho más profundo que las meras palabras.

Nunca olvidaré cómo mi amiga Cheryl me ministró cuando quedé marginada, luego de un accidente de esquí que requirió tres cirugías en mi rodilla izquierda en un periodo de siete meses. Durante los primeros meses, muchas personas muy gentiles de la iglesia me trajeron comida, oraron por mí y recibí muchas tarjetas postales deseándome una pronta recuperación. A pesar de mis muletas, aparatos, dolor crónico e incapacidad para valerme por mí misma, estaba bien, muy bien. Le decía a todo el mundo.

Pero Cheryl se sintonizó con mi espíritu deprimido, cuidadosamente escondido detrás de mi exterior sonriente. Cada dos o tres días, mes tras mes, recibí una llamada de tres minutos en la que simplemente me preguntaba: «¿Cómo *estás* hoy?».

Algunos días, simplemente comenzaba a llorar tan pronto escuchaba su voz, otros días charlábamos sobre tonterías de la vida diaria. Pero siempre, su fiel y alentador «simplemente quería que supieras que estaba pensando en ti» me ayudaba a sanar más que cualquier otro medicamente que pudiera estar tomando.

Tuve la oportunidad de reciprocar cuando a mi amiga Sharon le diagnosticaron cáncer.

Durante meses de pruebas, quimo, cirugía y recuperación, me propuse separar unos minutos cada dos días para hacerle una breve llamada telefónica. Ella dice que aquellos fieles recordatorios de que alguien se preocupaba por ella tuvieron mayor sentido que el oro puro.

¡Nunca olvides que el mejor liberador de estrés que tenemos somos nosotras mismas! Dios nos bendijo a las mujeres con un sentido único que nos ayuda a captar los significados subyacentes. Como una querida hermana en una de mis conferencias, a la que le pregunté: «¿Crees que la manera en que hago esto es de mal gusto?». Sin pestañear, se dio cuenta que yo necesitaba un poco de afirmación, se sonrió pícaramente, levantó una ceja y contestó: «¡Ah! ¡Fuiste tú quién inventó que el mal gusto estuviera bien!».

Me sospecho que gané una nueva amiga.

Una amiga es esa persona extraña que te pregunta cómo estás, y luego espera por la respuesta.

AUTOR DESCONOCIDO

DES-ESTRESÉMONOS

1. Romanos 12.15 dice: «Si alguno está alegre, alégrense con él; si alguno está triste, acompáñenlo en su tristeza» (TLA). ¿Tienes alguna amiga que hace que este versículo sea una realidad en tu vida?

2. ¿Eres ese tipo de amiga para alguien? ¿Para quién?

3. ¿Qué están haciendo tus amigas y tú para crecer espiritual y emocionalmente? ¿Es esto algo que quisieras llevar al próximo nivel?

¡Oh, dulce hermanita!

(ENTRE HERMANAS)

*Ama a la sabiduría como
si fuera tu hermana.*

PROVERBIOS 7.4 NTV

Yo era más grande y más mala (en todo el sentido de la palabra) que mi hermana, Cindy, desde que comenzamos la escuela primaria, aunque yo era dos años más joven que ella. A mí me gustaba jugar rudo y pelear, era el hijo que Papá nunca tuvo. Cindy era la niñita femenina y delicada. A ella le gustaba pintarse las uñas; yo quería luchar en el suelo. A ella le encantaba ir de compras; yo prefería que me enterraran agujas calientes en los ojos. La preferencia de ella era jugar *jacks*; la mía era darle a cualquier cosa con un palo.

Incluyendo a Cindy.

La tortura era mi juego entre hermanas preferido. Uno de mis recuerdos más tempranos es nosotras dos en la bañera, en edad preescolar. Recuerdo cómo me maravillé ante la perfecta huella roja de mi mano regordeta en la espalda pálida de Cindy, después de haberle pegado solo para verla llorar.

Sin ningún otro hermano o hermana en el panorama, Cindy era mi audiencia cautiva. Para obligarla a jugar afuera conmigo o a que me lanzara algunas pelotas de softball, recurría a las amenazas de muerte inminente, o peor aún, la provocaba diciéndole que estaba gorda. Ella era del ancho de un palillo, pero eso era irrelevante.

El ritual nocturno en la habitación que compartíamos era enviarnos mensajes dando golpecitos en la cama hasta bien tarde en la noche, porque teníamos prohibido hablar. Nos comunicábamos con un código de sílabas, casi Morse. Por ejemplo, cinco golpecitos = te-veo-ma-ña-na; cuatro golpecitos = me-voy-a-dormir; tres golpecitos = te-quie-ro; dos golpecitos apurados seguidos por un clavado bajo la frisa y el sonido de los pasos de mamá acercándose = ¡cui-dado!

Una cálida tarde de verano, antes de cenar, nos pusimos a corretear en el patio con nuestros vecinos. Cindy, ya en el quinto grado, vestía una linda falta de esas que se enrollan en el cuerpo antes de amarrarse. Ella era la único que no vestía un par de jeans en hilachos (Cindy estaba tratando de impresionar a Michael, el vecino, con su madurez femenina). Como la mayoría de nuestros vecinos eran varones, cuando me tocaba a mí perseguir a los demás, iba directo a Cindy. Yo sabía que ella era la única a la que podía alcanzar, y además, ¿quién quería contagiarse con los piojos de los varones?

Mientras me acercaba a Cindy, mis dedos estirados se enredaron en el lazo que mantenía unidos los dos extremos de la falta. Mientras ella intentaba huir, la falda se abrió y todos comenzamos a reírnos a carcajadas, y ella salió disparada hacia la casa, gritando histérica, en sus lindos pantis blancos de encajes.

El siguiente verano reparé el agravio cuando me subía por la escalera de una alberca comunitaria repleta de gente y al voltearme vi que Cindy salía del agua, sin percatarse que la parte de arriba de su traje de baño se le había soltado. Como yo era una hermana muy considerada y sensible, le puse el pie en la cara y la empujé de vuelta al agua.

¿Sabes? Creo que nunca me ha dado las gracias apropiadamente por ello.

Una tarde fatídica, cuando tenía diez años, recuerdo que estaba sentada encima de Cindy, luego de haber luchado con ella en el piso de nuestro cuarto. En aquel piso de cerámica frío, le inmovilicé las manos encima de su cabeza, mientras mi pelo suelto le daba en la cara. Resoplando y escupiendo, comenzó a gritar para que mamá viniera a rescatarla, como había hecho en innumerables ocasiones anteriores.

Antes de realmente verla parada en la puerta, *sentí* la presencia poderosa de mamá, brazos cruzados, cabeza moviéndose de un lado para otro, lentamente. En un instante, vi toda mi joven vida delictiva ante mis ojos y me preparé para el huracán que amenazaba.

Para mi gran sorpresa, la voz de mamá era baja y controlada, y no se dirigía a mí. «Cindy, si no te puedes defender de tu hermana menor, entonces te mereces lo que te venga». Y desapareció.

¡Gloria, gloria, aleluya! ¡Aquel fue mi Día-D!

De adolescentes, con frecuencia me empujaban a asumir el rol de la hermana mayor. Supongo que era porque era más alta, más bocona y tal vez un poco más terrible. Muy linda y vivaracha, a menudo, y sin querer, Cindy llamaba la atención de los chicos en la secundaria. Siempre me persuadía para que les dijera que ella no podía (a decir verdad, ¡no debía!) salir con ellos y hasta convencía a mamá para que me dejara acompañarla en alguna cita que no pudiera esquivar discretamente.

Sintiéndome mitad chaperona y mitad guardaespaldas, no quería estar allí (¡y te puedo asegurar que su pareja tampoco quería que yo estuviera!), pero por lo menos iba al cine o a la bolera sin tener que pagar. Me divertía repitiendo la cita de Linus en la tira cómica *Peanuts*, de Charles Shultz: «Las hermanas mayores son los garranchuelos en el césped de la vida».

Los hermanos y las hermanas son los instructores renuentes en las aulas de clases de nuestras vidas. Son nuestros maniquís de prueba para choques, nuestros experimentos fallidos; los seres humanos desafortunados con los que practicamos cómo *no* tratar a los demás. Inconscientemente nos enseñan cortesía, pues son los que sufren las consecuencias de nuestros errores, mientras nosotras aprendemos virtudes como la bondad, compasión, justicia, perdón y ayudarnos los unos a otros. Sin embargo, a pesar de los sentimientos atropellados, las magulladuras y las contusiones ocasionales, no existen compañeras más leales que nuestras hermanas (y hermanos). ¡Somos rosas y tulipanes del mismo jardín! ¿Qué haríamos sin ellas? Son tan parte de nuestro ADN como nuestras narices torcidas. Las amamos, las admiramos, y, al mismo tiempo, nos irritan sin ton ni son.

Vemos claramente sus defectos (y tampoco nos importa señalarlos), pero estamos dispuestas a ignorar agravios insignificantes y las amamos incondicionalmente, y a pesar de todo. Compartimos recuerdos desconocidos para el resto del mundo y ellas nos entienden mejor que nuestros esposos.

Después de todo, nuestros hermanos y hermanas son pasajeros en nuestro bote salvavidas y sería un suicidio intentar tirarles al agua. Así que es mejor aceptarles como los compañeros de viajes que nos envió el cielo para esta jornada de vida, y tratar de remar sincronizadamente.

Además, simplemente no es lo mismo sin ellos —es como la pieza que falta en el rompecabezas de nuestras vidas. No te das cuenta cuán importante es esa pieza, hasta que ya no está.

Cuando Cindy se fue a estudiar a la universidad, pensé que disfrutaría de la paz y la ausencia de conflicto, pero me sorprendí al descubrir cuánto la extrañaba. Ella había dejado un vacío que nadie más podía llenar. En la película, *In Her Shoes*, Rose Feller (representada por Toni Collete) expresó los sentimientos de toda hermana cuando estaba tratando de explicar la relación inexplicable que compartía con Maggie, su hermana incorregible (representada por Cameron Díaz): «Sin ella... no tengo lógica».

No, sin nuestros hermanos y nuestras hermanas, simplemente no tenemos lógica.

Cindy y yo nos fuimos acercando con el paso de los años, y ahora, gracias a una serie de milagros, tenemos la bendición de envejecer juntas porque vivimos en el mismo bloque. Ella es mi suero anti-envejecimiento en forma humana; cuando nos reímos juntas, siento que tengo doce años otra vez. Aunque ya casi no la tiro al suelo ni le dejo marcadas mis manos en la espalda, supongo que todavía hoy día no se atreve a ponerse una faldita como aquella (¡algunas cosas nunca cambian!). Siempre está ahí para mí, aunque ya no la torture... ignorando mis manías, ayudándome a pedalear en el agua en los días de tsunami, dándome consejos cuando algunos familiares se ponen molestosos, encontrando balance cuando mi mundo está descentrado.

Solo su risa escandalosa desenreda mis calambres mentales y me regresa a un tiempo más sencillo y menos estresante, cuando lo único que me preocupaba eran las picadas de hormiga, los Pixie Stix y quedarme en la bañera el tiempo suficiente para lavarme las partes importantes.

> Una hermana comparte contigo recuerdos
> de la infancia y sueños de adultas.

AUTOR DESCONOCIDO

DES-ESTRESÉMONOS

1. ¿Cuál es tu más grato recuerdo de la niñez con cada uno de tus hermanos y hermanas?

2. ¿Cuál de tus hermanos o hermanas era tu maniquí de prueba para choque? ¿Para cuál de ellos o ellas eras tú ese maniquí de prueba? ¿Qué lecciones de vida aprendiste de la relación con tus hermanos y hermanas?

3. Según Proverbios 18.19: «Más resiste el hermano ofendido que una ciudad amurallada» (NVI). ¿Existe alguna desavenencia sin resolver entre tú y tus hermanos o hermanas? ¿Qué está evitando que comiences hoy el proceso de restauración?

De ositos a tostadoras

(INTIMIDAD MATRIMONIAL)

*Tengan todos en alta estima
el matrimonio.*

HEBREOS 13.4 NVI

Claire, una chica de veinte años, cuenta la historia de cuando su familia salió de crucero para celebrar el sesenta aniversario de sus abuelos. Abuelo y Abuela, ambos en sus ochenta, fueron seleccionados como concursantes del «Oldie-Wed Show». La respuesta del abuelo a la pregunta: «¿Cuál es el lugar más atrevido en el que jamás hayas hecho el amor con tu esposa?», fue, luego de unos momentos de concentración: «En un granero».

Cuando trajeron a la abuela al escenario y le hicieron la misma pregunta, ella contestó de inmediato: «En el vagón de un tren».

«¡Oh!», dijo el abuelo, algo sonrojado. «Ella tiene razón».

Cuando iban de regreso al camarote, la abuela reprendió al abuelo con ternura: «Cariño, no debiste haber fallado esa respuesta. ¿Acaso no recuerdas nuestras locuras cuando hacíamos nuestras travesuras en aquel tren de camino a París?». Y se reían como chicos de secundaria.

«¿París?», interrumpió Claire. «¿No fueron a Europa hace apenas seis meses atrás?».

«¡Exacto!», le contestó la abuela con un guiño.

¡Ah! El amor, dulce amor. Es lo que el mundo necesita hoy. Y mañana. Y de aquí a muchas décadas. Me muero de la risa cada vez que recuerdo el relato de mi amiga sobre cómo su esposo citó equivocadamente la famosa línea de Jerry McGuire en un momento apasionado y romántico. En lugar de susurrar apasionadamente: «Tú me completas», él murmuró: «Tú me acabas».

Sin perder el ritmo, ella contestó: «Todavía no, pero todavía estoy tratando».

Lo amamos muchísimo, pero nos vuelven locas. Los hombres. ¿Por qué tantas cosas estresantes que nos pasan a las mujeres empiezan con esa palabra? [Men, hombres en inglés - nota de la traductora]. *Men*struación, *men*opausia, angustia *men*tal... y hasta a*men*aza. Una amiga médico me contó de un hombre que llegó a la sala de emergencia con cinco heridas de bala. *¡Cinco!* El doctor se reunió con la esposa del paciente en la sala de espera. «Mrs. Jones, lamentó informarle que su esposo ha sido baleado».

«Yo lo sé», le respondió con asombrosa calma. «Fui yo quien le disparó». Y moviendo la cabeza muy lentamente, le dijo: «Día tras día lavo toda su ropa y él no me ayuda a doblar ni una sola pieza».

No cabe la menor duda de que nosotras tenemos el potencial de convertirnos en amenazas reales. Me parece que muchas de las tensiones en el matrimonio podrían evitarse si los hombres pronunciaran esas tres palabritas que las mujeres anhelamos escuchar de nuestros esposos: «*¿Te puedo ayudar?*».

Mi Chuck realmente entiende muy bien este concepto. El pasado día de San Valentín, mi travieso perrito, Fenway, se comió el plato entero de *brownies*, en forma de corazón, que yo había horneado y escondido en mi clóset, y luego dejó la alfombra del cuarto embarrada con chocolate por todas partes. Heroicamente, Chuck limpió aquel desastre. Con mi toalla rosada preferida. ¡Aaaahhh!

En términos que los hombres puedan entender: el matrimonio no es un deporte de espectadores. Estamos juntos en este juego y se requiere trabajar en equipo para tener una temporada ganadora. La intimidad en la habitación (¡goool!) ocurrirá con mucha más rapidez cuando todos los jugadores hacen su parte para mover la bola en el campo... alimentando al batallón, todo limpio, recogido y listo para mañana. La goleadora no puede hacerlo sola. Ella necesita un corredor fuerte que mueva la bola y la coloque en una posición de anotación.

Los esposos no siempre se dan cuenta que son las pequeñas jugadas las que alejan o acercan a las esposas a la zona de anotación. En una ocasión, estaba ya con el pie en la puerta, tarde para un compromiso en una conferencia importante, cuando Chuck comentó: «No estarás pensando salir con el pelo *así*, ¿cierto?». Silbido. Penalti en la yarda treinta.

Y luego está la ocasión cuando, después de tomarme una siesta en el auto, llegué a una estación de televisión para una entrevista, con un mechón de pelo saliéndome de la cabeza como si fuera el rabo de un gallo y Chuck jamás hizo un comentario. «Pensé que querías que luciera así», se defendió mientras me moría una y otra vez de la vergüenza al ver la entrevista. (Todavía puedes ver en mi website el segmento de mi bello peinado, www.DeboraCoty.com.)

O la báscula «súper *cool*» que me regaló para mi cumpleaños que no solo mide el peso, sino también la grasa corporal. «¿Cómo es posible que exista alguien a quien no le guste esto?», se preguntaba cuando no me gustó el regalito.

Pero entonces están las victorias de la jugada-de-la-semana. Como la ocasión en que me operaron tres veces la misma rodilla en un periodo de siete meses y Chuck me llevó, en muletas, a un baile de San Valentín solo para levantarme el ánimo. Los tres —Chuck, la muleta compartida y *moi*— nos acurrucamos en la pista al son de la linda melodía «You Are So Beautiful».

¡Punto anotado!

A las mujeres también nos encanta escuchar sobre las temporadas ganadoras de otros matrimonios. Como el día de San Valentín en el que mi amiga Rhonda se sentía totalmente repulsiva con su nariz roja, goteando e hinchada, gracias a una fuerte alergia. Entonces, una bandada de petirrojos sobrevoló a su esposo, que estaba trabajando en el patio, y depositó algunas fresas recién digeridas en su cabeza. A pesar de los inconvenientes, los «cariñitos» como *poopy head* y *snot nose* resultaron en una noche juntos muy romántica.

Mi amiga Mary una vez vio a un esposo empujando la silla de ruedas de su esposa en un Centro de tratamiento para el Cáncer, mientras ella se tocaba tristemente un vendaje en su cuello. Cuando las puertas del elevador se abrieron en el piso nueve, Mary y su familia dudaron si entrar o no, al notar el semblante abatido de la mujer. «¿Les importaría si compartimos el elevador con ustedes?», Mary le preguntó a la pareja.

«No si nos cantan villancicos de Navidad», contestó el esposo, mirando disimuladamente a la esposa desalentada. «Son sus favoritos». Aunque era junio, aquel elevador resonó al ritmo de «Alegría al mundo», mientras que los rostros sonrientes, incluyendo uno en la silla de ruedas, se bajaba en el primer piso.

Algo que me ayudó a entender mejor a mi hombre y a reducir dramáticamente el estrés de las expectativas fue darme cuenta que los hombres se parecen mucho, bueno, mucho a los perros. Ahora bien, no me malentiendas —adoro a los perros. No creas que estoy insultando a los hombres. Es que simplemente los hombres tienen unas necesidades básicas y sencillas: alguien que los alimente, juegue con ellos, los rasque donde les pica, le dé golpecitos en la cabeza y le diga de vez en cuando: «¡Buen chico!».

Sobre todas las cosas, ellos necesitan respeto. Se sienten fantásticamente bien cuando reconocemos su fuerza, valentía y destrezas para cazar —su capacidad admirable para proveer para sus seres queridos. Hay muchos menos gruñidos y más movidas de cola cuando se suplen estas necesidades básicas. Y ellos de verdad aspiran a convertirse en el mejor amigo de la mujer.

Es aquí cuando sus pequeñas manías no parecen tan, digamos, maniáticas. Como cuando Chuck se para de la cama a mitad de noche para acomodar los peluches encima de mi ropero porque no puede dormir con ese tenebroso conejito mirándolo a la cara. O cuando está manejando solo en el auto, escuchando la Biblia en CD, y se sale de la carretera cuando de repente se escuchan cerdos chillando mientras Jesús echa fuera los demonios.

Acéptalo, somos diferentes. Los hombres son conciertos de rock. Las mujeres somos sinfonías. Es posible que asimilemos el ritmo de un modo distinto, pero aún así ambos podemos disfrutar de la música.

Intento recordar que realmente tengo dos esposos: Chuck y Jesús. Como creyente, parte de la novia de Cristo, estoy también casada con Él (ver Efesios 5.25-27; Apocalipsis 21.9). *Ishi*, el nombre hebreo para Dios usado en Oseas 2.16, se traduce como «esposo». El Amante de nuestra alma asume el rol tradicional como protector, proveedor y compañero fiel. Solo Él jamás nos dejará ni nos abandonará —Él se niega a divorciarse de nosotras sin importar cuán infiel le seamos.

¡Qué enorme revelación cuando vemos nuestro rol de esposa bajo esa perspectiva! Comenzamos a ver a nuestra pareja a través de los mismos ojos compasivos, perdonadores e incondicionales con los que Cristo no ve a nosotras. Los deseos de nuestro esposo se vuelven importantes para nosotras. *Queremos* suplir sus necesidades. Y, maravillosamente, esos bailes de celebración por un gol bien anotado se vuelven... ¡oh, tan dulces!

Dios creó al hombre, pero yo puedo hacerlo mejor.

ERMA BOMBECK

DES-ESTRESÉMONOS

1. Toma tu Biblia y busca la comparación que hace Pablo de la relación de matrimonio con Cristo y su iglesia en Efesios 5.25–33. Me encanta cómo el versículo 32 lo llama «un misterio profundo» (NVI). Muy cierto, ¿no te parece? Afortunadamente, no tenemos que entender cómo funciona el amor sacrificial para poder disfrutar de sus beneficios.

2. Si estás casada, menciona tres cosas que amas de tu esposo. Ahora, menciona tres cosas que tú piensas que el ama de ti. ¿Qué tan dispuesta estás para darle abundantemente a él estas cosas? ¿Pones condiciones? ¿Cómo compara ese «arreglo» al amor sacrificial de Jesús por nosotras?

3. Piensa en un matrimonio que tú consideras que tiene una relación matrimonial íntima. ¿Qué factores crees que contribuyen a la cercanía entre ese esposo y esa esposa? ¿Existen algunos aspectos particulares en el matrimonio de ellos que te gustaría emular en el tuyo?

De chupetes a la pubertad
(MATERNIDAD)

*Mis problemas van de mal en peor,
¡oh, líbrame de todos ellos!*

SALMO 25.17 NTV

Mi amiga Debbie tenía ocho hijos, incluyendo a unos gemelos de diez meses, cuando ella y su esposo, Rich, tuvieron que lidiar con una mudanza a otro estado. Pusieron su casa en venta en un mercado inactivo y oraron.

Nadie se presentó a las primeras tres citas pautadas por los corredores de bienes raíces. En cada ocasión, Debbie había estregado los baños, mapeado los pisos, guardado la ropa sucia, recogido los juguetes y hasta horneado galletas minutos antes de la cita, para añadir esa sensación de «quieres vivir en esta casa». Luego, en el último minuto, se llevaba a los chicos a visitar a algún amigo para evitar la atmósfera de caos normal de la casa que declaraba con descaro: «El que traspase el umbral de esta puerta, tiene los días contados».

En el cuarto intento, la siempre optimista Debbie seguía manteniendo a los chicos guardados por veinte minutos en casa de la vecina, pero cuando Rich y el corredor de bienes raíces llamaron con otra cancelación, los fue a buscar y regresaron a la casa para almorzar. Los chicos invadieron la casa como saltamontes hambrientos y comenzó la envestida usual de devastación y destrucción.

Entre los pedazos de mantequilla de maní y los ravioli en el piso, el hijo de seis años tiró su pasta al suelo, y otro de los chiquitos se acercó a Debbie con un pañal particularmente apestoso. ¡Vaya con el ambiente de galletitas recién horneadas!

Justo en ese momento, vieron a los compradores potenciales acercándose a la casa, una pareja joven y tranquila, con un hijo inmaculado. Debbie puso a hervir algunos palitos de canela, en un débil intento de esconder el conglomerado de olores nauseabundos, mientras Rich escapaba por la puerta trasera con el pañal apestoso. Entonces, ¿por qué todavía olía como si un zorrillo se hubiera muerto detrás de la nevera? ¡Oh, no! Los gemelos necesitan un cambio de pañal, ¡también!

Mientras Debbie intentaba quitarles los guisantes de la cara a los chicos, una nube de humo negro y maloliente comenzó a llenar el cuarto. ¡Oh, Dios! El agua se había evaporado y la canela se quemó.

Con un bebé con el pañal sucio bajo cada brazo, Rich saltó por encima de pilas de ropa sucia, mientras Debbie, como una loca, cortaba cebollas y ajos, y los echaba a sofreír en mantequilla derretida. ¡Y disparaba una oración al cielo de que los compradores fueran italianos!

Suspiro profundo. Sería muy agradable pensar que ser padres se torna más fácil cuando los hijos crecen. ¡Vaya quimera!

Laura, una amiga que es madre soltera de dos adolescentes, hizo un trato con sus hijas renuentes: ellas dos cocinaban y luego ella limpiaba la cocina, o viceversa. Luego de algunos *como quieras*, acompañados de ojos torcidos, escogieron la segunda opción. Todo fue bien por una semana, pero luego las chicas desarrollaron esa temible enfermedad de los adolescentes, DMA: desorden de memoria en el adolescente. ¡Asombroso cómo montones de trastes sucios se olvidan tan fácilmente!

Hay momentos en los que simplemente quieres engancharles un voltímetro en sus cerebros de calabaza para ver si *algo* está pasando por allí.

Después de encontrar por tercera vez el fregadero lleno de platos sucios y moldes de pizza grasientos, Laura se ingenió un magnífico plan para solucionar el problema sin tener que emitir ni una sola sílaba. Aquella noche, simplemente no cocinó. Cuando las muchachas comenzaron a quejarse y refunfuñar a toda boca, Laura abrió una lata de comida para perro, la calentó en una olla y se la sirvió en platos sanitarios a sus hijas boquiabiertas.

Se acabaron las torres de pizza inclinadas. El DMA fue curado.

¡Exacto! Úlceras es la forma de deletrear *hijos* al revés. Bueno, por lo menos debe serlo. El manual para ser padres debería informarnos esto antes de comenzar a reproducirnos. Tener un hijo es como ponerte un arete en la lengua —estás comprometida. Nada va a ser igual de ahora en adelante. Esa acción única va a afectar cada momento de tu existencia en el que estés despierta. Y también algunos en los que no estés despierta.

Todavía tengo pesadillas recurrentes sobre la ocasión en la que puse en el piso del auto mi pastel de chocolate horneado en casa para que estuviera fuera del alcance de mis dos preescolares y llegara a salvo al banquete de la iglesia. Matthew, que tenía cinco años, se subió al auto y se amarró a su sillita, mientras yo acomodaba a Cricket en su asiento protector al otro lado del auto. Cuando llegamos a la iglesia, abrí la puerta del lado de Matthew y estiré el brazo para desabrochar su cinturón de seguridad, cuando de pronto noté que tenía fango en su zapato. Un fango que olía sospechosamente delicioso. Miré al suelo y encontré una huella perfecta talla 5 sobre la cubierta de chocolate de mi lindo pastel.

Y la ocasión cuando el adorable Matthew apareció en medio de una cena solo vistiendo sus calzoncillos del Hombre Araña y docenas de mis Kotex pegados en cada pulgada cuadrada de su cuerpo.

O años más tarde cuando mis dos hijos, ya en la universidad, estaban de vacaciones con nosotros y un horrible aullido resonó a las siete de la mañana desde el baño en nuestro motel. Matthew, todavía soñoliento, comenzó a cepillarse los dientes cuando se dio cuenta que la pasta con aquel sabor horrible y que había puesto abundantemente en su cepillo era la crema contra la infección vaginal de su hermana.

Y entonces están esos momentos que, igual que la mamá de Jesús, atesoramos como recuerdos especiales y mantenemos bien cerquita de nuestros corazones (ver Lucas 2.19).

Durante el caos de una mudanza poco después de haber recibido un diagnóstico de cáncer, mi abatida amiga, Kim, estaba sentada en su clóset, rodeada por cajas sin terminar de vaciar. No tenía fuerzas para continuar. Mientras pateaba una caja, descubrió sin querer un paquete olvidado de Hershey's Kisses.

Si alguna vez había necesitado besos del cielo, era ahora.

Mientras se comía un chocolate tras otro, su hijo de diez años apareció en la puerta. Primero, le echó un vistazo a las envolturas plateadas que se acumulaban en el suelo y luego miró el rostro de su mamá, manchado con lágrimas. Sin decir ni una sola palabra, se sentó en el piso del clóset y comenzó a quitarle las envolturas a los chocolates y a pasárselos a su mami.

Si esto no enciende tu fuego, mi amiga, la madera está mojada.

La mejor manera de aliviar mi estrés, cuando de la maternidad se trata, ha sido recordarme en medio de la lucha que lo más importante en mi mundo es mi gente. *Mis* pollitos. Esas hermosas almas que Dios ha confiado bajo mi cuidado por unos pocos y cortos años. Ellos requieren y merecen mi mejor atención, aun cuando mi día es constantemente interrumpido con sus bendiciones.

«Los hijos son un regalo del Señor» (Salmo 127.3 NTV). ¿Lo entiendes mi agotada amiga mamá? Nuestros hijos son un *regalo* del Señor.

Si tan solo logramos asirnos a esa ilusoria certeza, aun cuando nuestras uñas se aferran a los últimos jirones de cordura maternal, por la gracia de Dios, nuestros hijos no repetirán lo que tristemente dijo una vez mi amiga desilusionada: «Mi madre fue meramente la vasija que me cargó durante nueve meses. Nada más».

Una onza de madre vale más que una libra de clero.

PROVERBIO ESPAÑOL

DES-ESTRESÉMONOS

1. Si eres mamá, ¿cuál es tu recuerdo maternal más alocado de tus hijos?

2. ¿De qué manera tu fe marca una diferencia en tus respuestas a las catástrofes familiares diarias?

3. Haz una pausa y reflexiona en un momento cuando tú, al igual que María en Lucas 2.19, te conmoviste tanto que lo atesoraste en tu corazón.

Cuidando mi vestido terrenal
(MANTENIMIENTO FÍSICO)

Porque nosotros somos templo
del Dios viviente.

2 CORINTIOS 6.16 NVI

Una de las relaciones más importantes y duraderas que debemos cultivar es con estos vestidos terrenales que Dios nos ha confiado por un tiempo limitado. Según la condición en la que los mantengamos, nuestros cuerpos pueden ser reconfortantes, una fuente de placer, un vehículo de aventura o una camisa de fuerza dolorosamente restrictiva.

La Biblia dice que nuestros cuerpos son templos de Dios. Si nosotras, como guardas del templo, tenemos que soportar tempestades que nos estropean y el ímpetu de ataques enemigos implacables, ¡entonces tenemos que fortificar nuestra estructura desde adentro! El conocimiento y la prevención contra las fuerzas que atacan nuestros templos son nuestra mejor defensa.

Como una terapista ocupacional que se ha especializado en la rehabilitación de las extremidades superiores por más de treinta años, he descubierto que las mujeres somos especialmente vulnerables a ciertas enfermedades relacionadas a un estilo de vida estresante. Me voy a colocar ahora mi sombrero profesional y voy a compartir alguna información médica valiosa por la que pagarías cientos de dólares en una clínica de terapia de rehabilitación. ¿Lista para algunos asuntos técnicos?

Es posible que hayas escuchado de un síndrome bastante común provocado por el exceso de uso, o *lesión por esfuerzo repetitivo* (RSI, por sus siglas en inglés) o también conocido como el *síndrome del túnel carpiano* (CTS, por sus siglas en inglés). El CTS ocurre cuando el nervio mediano se comprime en la muñeca debido a una posición crónicamente inadecuada o inflamación interna debido al movimiento constante de los dedos o la muñeca (como escribir en la computadora o asir repetitivamente). El nervio medio inerva el dedo pulgar, el índice, el medio y la mitad del dedo anular. El CTS puede causar adormecimiento, hormigueo (llamado *parestesia*) o dolor en cualquiera o todos estos dedos. Con frecuencia, los síntomas empeoran durante la noche o temprano en la mañana debido a nuestra tendencia a dormir con nuestras muñecas flexionadas (en posición fetal modificada), y por lo tanto se afecta el nervio. Imagínate que estás doblando una pajilla (popote, pitillo, sorbeto), y por lo tanto, interrumpes la circulación interna; eso es lo que le ocurre al túnel, del tamaño de una moneda, que contiene tendones, una arteria y el nervio mediano cuando mantienes tu muñeca doblada.

Debes buscar tratamiento por un médico ortopeda tan pronto aparezca los síntomas; mientras más rápido comience el tratamiento, mejores las posibilidades de evitar una cirugía. Tomar descansos frecuentes y el estiramiento de los músculos flexores (une las palmas de las manos, como si estuvieras orando, y llévalas hasta tu barbilla, luego baja las manos hasta tu cintura, abriendo los codos y manteniendo las palmas unidas), además se recomienda utilizar un entablillado de apoyo para la muñeca para mantener el túnel abierto durante la noche y diariamente en momentos de mucha actividad manual. Tu médico o terapista puede enseñarte un ejercicio de deslizamiento para el nervio mediano que puede ayudarte a aliviar la tensión del nervio.

Otra lesión común por esfuerzo repetitivo es el *codo de tenista* (o sinovitis del codo), que se refleja con dolor en el dorso (parte de afuera) del codo. El codo de tenista es básicamente tendinitis de los músculos que extienden la muñeca y los dedos, y usualmente es causado por un estiramiento repetitivo (por ejemplo, usar el ratón de la computadora a una distancia mayor de quince pulgadas de tu muñeca), cargar algo con tu brazo extendido (como cargar una cartera pesada o una bolsa de compra), o ladear la muñeca hacia atrás (como un tenista preparándose para pegarle a la pelota —de aquí el término *codo de tenista*.

Las inyecciones de cortisona o *iontophoresis* (algo que hacen los terapista con una pequeña máquina eléctrica que introduce esteroides calmantes a los tejidos en el área adolorida sin usar una inyección), aplicar hielo y usar un manguito para el codo de tenista (para reducir la fricción muscular en la parte superior del antebrazo) pueden reducir el dolor, pero para evitar que aparezca, debe estirar frecuentemente el músculo extensor. Para hacerlo, usa tu mano opuesta para doblar poco a poco la muñeca hacia delante con el codo extendido. Es posible que, al principio, haga algo de ruido, pero tu cuerpo te va a pedir esos estiramientos que relajan los músculos tensos.

El *codo de golfista* (epicondilitis humeral lateral) es una condición similar de tendinitis en los músculos que flexionan la mano y la muñeca. Asir, apretar o doblar la muñeca demasiado puede producir dolor en el interior del codo (lado del dedo meñique cuando tienes la palma de la mano hacia arriba), donde se originan los músculos flexores.

El tratamiento incluye medicamentos antiinflamatorios, descansos frecuentes cuando realizas actividades que requieran asir objetos y estiramiento de los músculos flexores colocando la palma de la mano contra la pared y fortaleciendo tu codo. También ayuda el ejercicio de colocar las manos en posición de oración descrito anteriormente.

Otra RSI común es la *tenosinovitis de Quervain*, que ocurre frecuentemente en las mujeres cuando el dedo pulgar hace movimientos repetitivos, creando fricción e inflamación en el compartimiento estrecho en la base del pulgar, a través del que pasan dos tendones clave. Es común que se sienta un dolor penetrante en la muñeca, hacia el lado del pulgar. Con frecuencia veo Quervain en mujeres mayores de cuarenta años que presenta los efectos de muchos años cortando, torciendo, machacando y volteando cosas en favor de su familia. Las dentistas, higienistas y peluqueras tienden a padecer mucho de esto también.

Usualmente, el tratamiento consiste de medicamentos anti-inflamatorios, cortisona (algunos médicos no ponen inyecciones de cortisona porque puede ocurrir decoloración permanente) y el uso de un aparato de inmovilización en el pulgar. A veces se confunde el Quervain con artritis en la articulación del carpometacarpo (CMC, por sus siglas en inglés) en la base del pulgar (otra enfermedad común en mujeres de mediana edad). Tu ortopeda puede determinar la diferencia.

Para todas estas lesiones por esfuerzo repetitivo, el descanso y alterar los movimientos que causan los problemas son las claves para reducir los síntomas. *Tenemos* que escuchar a nuestros cuerpos cuando, por medio del dolor, nos dicen: «Eh, ¡ya no puedo hacer esto por mucho más tiempo!».

Chicas, Papá Dios no creó nuestros cuerpos para mantenerse en las mismas posiciones hora tras hora, o para hacer lo mismo repetidamente y sin descansar. Incorporar descansos durante tu día para hacer algunos ejercicios de estiramiento sencillos (que puedes hacer sentada en tu escritorio o en tu auto) puede producir un alivio inmenso a los cuellos adoloridos y los hombros tensos:

+ Rotación exagerada de los hombros: diez veces hacia delante y luego diez veces hacia atrás.

+ Estiramientos oído-hombro: Con cuidado, empuja la cabeza hacia cada hombro con la mano opuesta; aguanta diez segundos. Nota: es importante que relajes completamente los músculos de tu cuello y muevas la cabeza con tu mano para este y los dos ejercicios siguientes; ¡los músculos contraídos no estiran bien!

+ Estiramientos barbilla-hombro: usa la mano opuesta para rotar la barbilla hacia cada hombro. Aguanta diez segundos.

+ Pliegue de la barbilla: usando tu mano para empujar la barbilla hacia abajo y hacia la manzana de Adán reduce la tensión en la base del cráneo... ¡adiós al dolor de cabeza por tensión!

+ «Cuello de gallina»: propulsa la barbilla hacia al frente. Aguanta cinco segundos.

+ Estiramiento de los pectorales: entrelaza las manos detrás de tu espalda y súbelas, apretando la escápula (omoplatos). Aguanta diez segundos.

+ Si estás en la casa y tienes algo de espacio para moverte, acuéstate en el piso o en una cama firme y prueba estos extraordinarios estiramientos para el cuerpo completo:

+ Estiramiento para el pecho: coloca una toalla enrollada a lo largo de tu espina dorsal, desde la base de tu cuello hasta tus nalgas. Ahora, estira tus brazos hacia fuera, hasta formar una T, respira hondo varias veces y aguanta por un minuto. Repite el ejercicio, ahora formando una Y, para estirar otras fibras musculares.

+ Extensión del tronco: coloca una toalla de playa enrollada debajo de la parte alta de tu espalda, perpendicular a tu espina dorsal y extiende tus brazos por encima de la cabeza; permítete derretirte sobre la toalla enrollada. Aguanta por un minuto este arco reductor de tensión; repítelo con la toalla en tu espalda media, luego en tu espalda baja. ¿Puedes decir ahhhh?

Ok, regresemos a lo esencial y básico: la respiración. Según el Dr. Nick Hall en *Winning the Stress Challenge*, la respiración profunda y controlada es crucial para el manejo del estrés. Cuando estamos severamente agotadas, con frecuencia reaccionamos con una respiración rápida y poco profunda que puede resultar en cambios vasculares, mareos y aún más estrés. La respiración afecta los gases en tu sangre, lo que altera tu ritmo cardiaco y la tensión muscular de todo tu cuerpo.

El doctor Hall aconseja: «Simplemente tomar tres respiros largos y profundos —inhalando por la nariz, llenando los pulmones, dilatando el diafragma, y luego exhalando lentamente por la boca— tiene un efecto sustancial para alterar la composición química de la sangre, y por lo tanto, en aliviar el miedo y la ansiedad». El respirar hondo también actúa como un tipo de aire acondicionado para el cerebro, enfriando las ondas cognitivas calientes y te lleva a un estado más relajado.

Admitámoslo... ninguna de nosotras quiere que nuestros templos terminen en ruinas. Con un fundamento sólido de prevención y una cachetada o dos para mantenimiento, nuestras catedrales de carne y hueso pueden glorificar a Dios por muchas décadas más sin que se les caiga ni un solo ladrillo a causa del abandono.

Para sentir un alivio inmediato, intenta bajar la marcha.

LILY TOMLIN

DES-ESTRESÉMONOS

1. Considerando que tu cuerpo es un templo de Dios, ¿dirías que tu edificio está necesitando algunas reparaciones o remodelación? ¿Cuáles partes?

2. Toma algunos minutos y trata los ejercicios de estiramientos recomendados arriba. ¿Cuál parece funcionar mejor para lo que te molesta? (Consejito: darte un masaje tú misma en los hombros y los músculos del cuello hasta por veinte segundos también hará maravillas.) ¿Te comprometerías a tomarte recesos de estiramiento de dos minutos cada dos o tres horas durante el día? ¡Anda... hazlo por *ti*!

3. Ahora, tomemos un receso para respirar profundo. Cierra tus ojos y toma tres respiros profundos y exhala lentamente. ¿Acaso no te sientes mejor? Te invito a que repitas esto siempre que la tetera en tu cerebro comience a silbar.

El corazón importa
(ENCONTRANDO PAZ)

*Así Dios les dará su paz, que es
más grande de lo que el hombre
puede entender; y esta paz cuidará
sus corazones y sus pensamientos
por medio de Cristo Jesús.*

FILIPENSES 4.7 DHH

Mi amiga Marianne se está quedando ciega. Una fuente legítima de estrés y hasta de desesperación, ¿no te parece?

Sin embargo, la actitud de Marianne no es para nada frenética. En su voz sosegada y tranquila, ella explica:

—Cuando comienzo a preocuparme u obsesionarme, recito todo lo que sé que es cierto:

+ Dios está en control
+ Él me ama.
+ Él quiere lo mejor para mí, aun cuando mis ideas tal vez no sean las de Él.
+ Sólo voy a encontrar paz si descanso en Su voluntad. Pelear, patear y gritar solo me conducirá a una vida miserable y desperdiciada.

Debido a sus problemas de visión, Marianne, una gerente empresarial y artista talentosa, perdió su trabajo y la capacidad para hacer muchas de las cosas que disfruta hacer. Según la mayoría de los estándares, tiene todo el derecho a estar enojada. Resentida. Amargada. Pero, maravillosamente, no es así.

«Cuando podía ver, era una persona controladora. Hacía lo que quería, cuando quería hacerlo. Mis oraciones consistían, mayormente de: "Señor, por favor bendice estos planes que he hecho". Pero Dios no dijo: "Sígueme cuando todo está bien y tienes todas tus facultades". Él dijo: "Sígueme, aunque estés en tu peor momento". Es ahí cuando aprendemos de verdad a depender de Él para cada una de nuestras necesidades».

Marianne hace una pausa para sonreír, y sus ojos marrón claro resplandecen. «No puedo sentirme amargada. Hoy soy un mejor ser humano. Dios permitió mi ceguera para hacerme crecer. Claro, a veces me frustro y deseo poder ver, pero no cambiaría mi visión por esta preciosa paz que siento».

Paz, en medio del caos de la vida. Paz, esa plataforma inexplicable de felicidad. Paz, ese lugar elusivo y libre de ansiedad donde encontramos la libertad que tanto anhelamos.

Últimamente he estado pensando mucho en la paz. ¿Por qué es tan difícil de alcanzar? Y cuando finalmente lo hacemos, ¿por qué se nos escurre tan fácilmente?

He aprendido que la paz real y honesta depende enteramente de nuestra confianza en la soberanía de Dios. Eso quiere decir creer que Él está en control de todos los detalles de nuestras vidas, aun cuando no lo *sintamos* así. Hablaremos un poco más de la soberanía de Dios en el capítulo 35, pero tenemos que entender que solo cuando nuestra confianza está anclada en Él podemos encontrar paz. En esto no hay nada accidental ni al azar. Confiar es una decisión que tomamos. Un acto volitivo e intencional.

Sí, la confianza es la piedra angular para alcanzar la paz. Podemos relajarnos en completa confianza, sabiendo que nuestro Creador está cuidando nuestros intereses. Podemos calmarnos. Tranquilizarnos. Soltar el volante.

Pero cuando volvemos a caer en el hueco oscuro y resbaloso de pensar que *nosotras* somos responsables de hacer que ocurran las cosas en nuestras vidas, la ansiedad y el miedo asumen otra vez el control. La presión de hacerlo todo por nosotras mismas termina haciendo trizas cualquier pretensión falsa o fachada de paz que hemos levantado para prevenir que el mundo vea nuestra verdadera desesperación.

El libro de Rut, en el Antiguo Testamento, es un ejemplo extraordinario de la soberanía de Dios en la vida de una chica como tú y como yo. Una hermana hundida en aflicciones del corazón, soledad y problemas económicos. Sin embargo, encontró paz en medio de la conmoción.

Toma unos diez minutos y lee Rut 2 (o mejor aún, el libro completo —¡es bien corto!), y nota cómo las cosas que «simplemente ocurrieron» *al azar* realmente no fueron por casualidad. Todas eran parte del diseño soberano de Dios para unir las vidas de Rut y Booz. ¡Y qué clase de historia de amor! Su matrimonio tipo Cenicienta llegó a ser estratégico en el linaje del rey David, y luego en el de Jesucristo mismo.

+ Rut, una joven viuda y sola, salió a buscar trabajo recogiendo trigo y, sin saberlo, terminó en los terrenos de Booz, un hombre soltero, rico y que era toda una celebridad en su pueblo.
+ Booz viajaba mucho, pero «dio la casualidad» que regresó a la casa cuando Rut estaba trabajando en su campo.
+ Aunque posiblemente había docenas de mujeres recogiendo trigo detrás de los segadores, Booz se fijó en Rut.
+ Rut no sintió miedo en decir lo que pensaba, pero lo hacía con educación y cortesía. ¡Qué manera de causar una buena primera impresión! Booz hizo un gran esfuerzo para conocerla —una sirvienta sucia y sudada en un terreno fangoso— algo que simplemente no hacían los propietarios ricos. Esto sería como que Donald Trump subiera seis pisos, por las escaleras, para charlar con la empleada que limpia los inodoros en uno de sus edificios.
+ En una movida atrevida y escandalosa, Booz invitó a Rut a cenar con (¡respira!) *los hombres* y hasta le sirvió él mismo el almuerzo (algo que *no* ocurría con frecuencia en aquel tiempo; las mujeres siempre preparaban y servían la comida, luego se sentaban aparte de los

hombres para comérsela). El equivalente hoy día sería que Leonardo DiCaprio te escogiera de entre una multitud en el estreno de una película en Nueva York, te invitara a su casa para una fiesta con otras celebridades, y luego, él personalmente, te preparara una tortilla de huevo. (¡Ah! ¿Qué cuesta soñar?)

+ Luego Booz les pidió a sus siervos que discretamente dejaran caer al piso granos adicionales para Rut, y así hacerle a ella la vida más fácil. Me sospecho que hizo esto a escondidas para preservar la dignidad de Rut y para evitar que las otras mujeres la resintieran. (Eh, el hombre también era sensible... ¡tremendo partido!)

Si lees el resto de la historia, notarás que Dios se hizo cargo perfectamente de todos los detalles de esta segunda oportunidad de romance de Rut. La paz y la seguridad fueron restauradas en su vida luego de una temporada turbulenta.

Nosotras también pasamos por temporadas turbulentas, tú y yo, pero tenemos que recordar que las tormentas no durarán para siempre. Siempre amanece después de una noche larga. «Por la noche durará el lloro, y a la mañana vendrá la alegría» (Salmo 30.5 RVR1960).

Me resulta seriamente reconfortante saber que Dios es tan soberano hoy como lo fue en los días de Rut. Él está en control de cada detalle en nuestras vidas. Y la paz de Dios, que sobrepasa todo entendimiento humano, *evitará* que nuestros corazones y nuestras mentes se ahoguen en la alberca del estrés.

> La paz no es meramente una meta distante que deseamos alcanzar, sino es la manera a través de la cual llegamos a esa meta.
>
> MARTIN LUTHER KING, JR.

DES-ESTRESÉMONOS

1. ¿Cómo encuentras paz en medio de tus circunstancias difíciles?

2. Deja que Romanos 15.13 penetre en tu mente: «Que el Dios de la esperanza los llene de toda alegría y paz a ustedes que creen en él, para que rebosen de esperanza por el poder del Espíritu Santo» (NVI). ¿Cuál es nuestro primer paso para estar llenas de toda alegría y paz? ¿Cuál es el resultado de esta llenura? ¿Es esto algo que seas para ti?

3. Ahora, relee Filipenses 4.7, que aparece al principio de este capítulo. ¿Acaso la paz misteriosa de Dios influye en tu manera de pensar y sentir? Detente en este momento y pídele a tu Padre celestial que te bendiga con Su paz indescifrable.

Sección 4:
Enfoque en la fe

MARINARNOS EN LA FE PRODUCE
LAS MEJORES DECISIONES

*Las posibilidades infinitas
... nacen de la fe.*
MADRE TERESA

Darth Vader

(Resistiendo la tentación)

*Practiquen el dominio propio y
manténganse alerta. Su enemigo
el diablo ronda como león rugiente,
buscando a quién devorar.*

1 Pedro 5.8 nvi

La luna parpadeaba detrás de una bóveda cubierta de nubes densas, mientras yo caminaba sin prisa los seis bloques desde la casa de mi hija, luego de cenar. Una brisa veraniega cálida movía las ramas de los robles, creando sombras que bailaban bajo el resplandor de los faros de luz en nuestro vecindario. Se escuchaba el croar de los sapos y el chirriar de los grillos desde el estanque que estaba detrás de la hilera de casas que estaba pasando.

Estaba completamente distraída, cuando de repente, desde el buzón medio escondido, algo oscuro y siniestro salió disparado hacia mí, con un rugido horrendo. Bueno, tal vez era solo un graznido, pero me pareció un leonesco en aquel momento.

Bueno pues, esta... esta *cosa* se acercó a mí a toda prisa, desde lo más oscuro de la noche, y de una manera aterradora e indefinible, apuntó directa y estratégicamente a mis pantorrillas. *Snap. Snap.* En aquella oscuridad, no podía identificar bien su forma.

¡Auch! ¡La horrenda criatura de la noche me mordió! Y seguía atacándome, intentando alcanzar mis zapatos, mientras me dirigí hacia la calle y mis chillidos interrumpían el ambiente de paz de la noche. La aterradora criatura era sorpresivamente rápida y extremadamente persistente. Creo que había visto la película *American Werewolf in*

London demasiadas veces porque simplemente supe por instinto que me crecerían pelos en el pecho y garras en la próxima luna llena.

La espantosa bestia finalmente dejó de perseguirme cuando íbamos a mitad del bloque, ante la mirada divertida de un hombre que estaba sacando la basura. Podía escucharlo reír a tres casas de distancia. No veía lo gracioso por ninguna parte.

«¿Conociste al Pato del Ataque Fantasma?», me preguntó divertido.

«¿Pato? ¿Esa terrible criatura era un pato? Pensé que era la mutación de un hombre lobo o un oso pigmeo [no estoy segura si existe algo así]… o al menos, ¡un cocodrilo gigante!». Vivimos en Florida así que tenemos demasiados de esos. Cocodrilos, quiero decir. Bueno, tal vez no tenemos cocodrilos con plumas.

Me doblé para recuperar mi aliento y calmar mi corazón palpitante.

«Es posible que lo sea», dijo el hombre casi riéndose a carcajadas. «Tiene una quijada tan poderosa como un cocodrilo. Y la mordida de ella te duele como si fuera una navaja».

«¿Ella?»

«Sip. Tiene un nido en esos arbustos, detrás del buzón. Está protegiendo a sus chiquillos. No existe una criatura más despiadada que una mamá enojada. Te ataca como si fuera un perro rabioso. El cartero ya ni se detiene en esa casa».

Aquel fue mi primer encuentro con el diablo con plumas. La llamo Darth Vader. A primera vista, a plena luz del día y a la distancia, Darth Vader luce atractivamente dócil. Se parece a Ferdinand, el amable amigo de Babe… solo en ropa gótica. ¡Pero ten cuidado! Las apariencias pueden ser engañosas.

En lugar de un león bíblico, mi vecindario vive aterrorizado por esta feroz guerrera que inspira terror hasta en el más valiente de los corazones. Nuestra guerrilla urbana se disfraza astutamente como un ave de cuello largo, negra como el carbón, desde el pico hasta las patas. Mide cerca de tres pies, pero cada pulgada es tan imponente como el malvado caudillo negro, de respirar pesado y armadura negra de la película Star Wars.

«¡Ah, mira!», puedes decir inocentemente, «¡qué patita más adorable! ¡Mira qué lindo se desliza sobre el agua!».

Pero cuando llega la noche, cuando una espesa capa de oscuridad esconde su presencia de ébano, ¡mejor es que te cuides! Igual que el diablo, Darth Vader está merodeando, ¡lista para atacar! Habías escuchado rumores de sus obras crueles, relatos de transeúntes inocentes y desprevenidos corriendo por la calle, gritando como maniáticos homicidas, pero realmente no lo creía. Hasta que me ocurrió a mí.

¿Sabes? Así también es como opera Satanás: se esconde en la oscuridad de la periferia de nuestras vidas, se entremezcla, no hace alboroto. Indiscernible. Incógnito. Entonces, cuando estamos vagando por nuestras vidas, en piloto automático, inconscientes de su presencia, con la guardia baja, él ataca.

Y como Darth Vader, no va a parar una vez nos da su primera mordida, su primera degustación de victoria.

«Salí ilesa después de aquel pequeño mordisco; uno más no me hará daño».

«Mi jefe nunca echó de menos aquellos materiales que me llevé a casa; unos pocos más no importan».

«Está bien *humillar* a mi esposo frente a mis amigas en el estudio bíblico; ellas no le dirán a nadie. Él no se va a enterar que hablé mal de él».

«Tengo una petición de oración de Liz —¡no vas a creer en la que se metió esta vez!».

«¡Qué importa que la cuenta esté sobregirada otra vez; ¿se supone que vista con harapos?».

«Mirar ocasionalmente una película sexy —o un libro— es perfectamente normal. Es solo romance inofensivo. Todo el mundo lo hace».

¡Pero hundirnos en el lado oscuro no *tiene* que ser nuestro destino, Luke! Tenemos la Fuerza que está por encima de todas las fuerzas, el Dios vivo y verdadero, listo y disponible para proveernos la armadura (para defensa) y las municiones (para ofensa) en nuestra continua batalla contra la tentación.

Echa un vistazo a la advertencia intuitiva de Efesios 6.11-17:

Pónganse toda la armadura de Dios para que puedan hacer frente a las artimañas del Diablo. Porque nuestra lucha no es contra seres humanos, sino contra poderes, contra autoridades, contra potestades que dominan este mundo de tinieblas, contra fuerzas espirituales malignas en las regiones celestiales. Por lo tanto, pónganse toda la armadura de Dios, para que cuando llegue el día malo puedan resistir hasta el fin con firmeza. Manténganse firmes, ceñidos con el cinturón de la verdad, protegidos por la coraza de justicia, y calzados con la disposición de proclamar el evangelio de la paz. Además de todo esto, tomen el escudo de la fe, con el cual pueden apagar todas las flechas encendidas del maligno. Tomen el casco de la salvación y la espada del Espíritu, que es la palabra de Dios. (NVI)

Lo que entiendo en este pasaje es que sin importar que la coraza de justicia sea como una cota de malla guardando nuestros corazones frágiles, o como el escudo de la fe protegiendo nuestras barrigas blandas y expuestas, o el casco de salvación desviando las flechas de pensamientos malignos para que no penetren nuestras mentes, Dios nos ha equipado para que nos defendamos. ¡Solo tenemos que asegurarnos que nuestras defensas estén en su sitio, en todo momento!

El enemigo ataca cuando estamos más vulnerables: tiempos de fatiga, enfermedad o desilusión. Él causa estragos en nuestras emociones a través de la angustia, el resentimiento y el odio; él amarga nuestras relaciones y nos revuelve las entrañas para debilitarnos (piensa aquí en la película *Braveheart*). Hasta se aprovecha de nuestros pensamientos secretos, intentando sacar de ellos chisme, calumnia y difamación.

¡Pero no tenemos que simplemente eludir su ataque! ¡Somos guerreras poderosas! Podemos pelear con la única arma invencible que existe: la Palabra de Dios, más cortante que una espada de doble filo (ver Hebreos 4.12). Debemos mantener nuestros arsenales llenos de municiones memorizando versículos bíblicos y estudiando nuestras Biblias, para que nuestras flechas estén encendidas y listas para disparar en el momento en el que el enemigo nos salga al encuentro.

Y si, por alguna razón, no podemos quitar la tentación, tenemos que quitarnos *nosotras* de la tentación. ¡Sal de ahí, mi amiga! ¡No te pares desnuda frente a un tren que se acerca a toda velocidad! (Y aquí no me refiero a la desnudez creada por Dios, con dignidad y belleza, sino a la que nos exponemos al faltarnos el respeto.)

Evade al diablo como yo evado a aquella pata diabólica. Toma una ruta distinta para dar la vuelta al estanque. O camina de la mano con una amiga fuerte y que te apoya, por la misma razón por la que ahora me llevo a mi perro conmigo. Cuando de resistir la tentación se trata, dos resistidoras son infinitamente mejores que solo una. Especialmente si una es buena ladrando.

Recuerda: «Resistan al diablo, y él huirá de ustedes» (Santiago 4.7 NVI). ¡No seas cobarde? ¡Sé una guerrera! ¿Por qué conformarte con ser Olive Oyl cuando puedes ser Xena?

Satanás, al igual que Darth Vader, está merodeando, buscando víctimas indefensas. ¡Niégate a ser una presa fácil!

La oportunidad se presenta sin hacer mucho ruido, pero la tentación estaciona su trasero en el timbre de la puerta, con una bufanda de chocolate al cuello.

DÉBORA M. COTY

DES-ESTRESÉMONOS

1. ¿Quién o qué es el Darth Vader en tu vida? ¿Cuándo eres más vulnerable a la tentación?

2. ¿Cómo accedes mejor a la Fuerza (el poder de Dios) cuando la batalla es inminente?

3. ¿Qué tal si preparas tu artillería y enciendes tu flecha justo ahora memorizando Santiago 4.7? (Es un versículo corto, pero poderoso... ¡y te garantizo que te resultará útil la próxima vez que Darth Vader intente arrancarte un pedazo de tu tierna piel!)

El legado de Luther
(Amor incondicional)

El amor nunca se da por vencido, jamás
pierde la fe, siempre tiene esperanzas y
se mantiene firme en toda circunstancia.

1 Corintios 13.7 ntv

Grité, a medida que un cuerpo oscuro y agitado volaba por los aires y aterrizaba en los hombros de mi niñita. Una cola espesa y peluda se enrolló inmediatamente alrededor de mi cuello, y unos dedos huesudos y ágiles comenzaron a escarbarme el pelo. Unos dientes blancos y afilados se acercaron a mi rostro, mientras que un olor extraño y almizcleño me pegó en la cara. Una cadena larga colgaba de la rama del árbol sobre mi cabeza, unida a un collar para gatos que rodeaba la cintura de la criatura delgada y fuerte que ahora metía un dedo curioso dentro de mi oído.

«¡Tranquila, no te asustes!», me dijo Dianne, mi compañera de escuela. A ella se le había olvidado advertirme sobre la inusual mascota familiar que vivía en el árbol al lado de su casa. «Luther no te va a morder si te mantienes tranquila. Él simplemente quiere saber de qué estás hecha».

* Luther, un mono capuchino, color marrón y de cola anillada, era realmente un alma necesitada de gracia. Se metía a menudo en problemas inimaginables simplemente por ser él mismo. La «capucha negra» de monje en su cabeza peluda ocultaba la inclinación al peligro que constantemente rondaba su pequeño cerebro maniaco.

En una helada noche de invierno, poco después de su llegada a casa de Dianne, entraron adentro la jaula de Luther. En lugar de apreciar el gesto, sus ágiles dedos no tuvieron ningún problema en abrir la cerradura de la puerta de la jaula, brincó al *counter* de la cocina, viró los envases con harina y azúcar, y los mezcló con sus manos diestras y diminutas.

Cuando se aburrió de su proyecto de redecoración, el mono travieso descubrió la caja de pañuelos de papel en el *counter*, y los sacó todos, uno a uno, y los tiró al aire como si fueran pequeños paracaídas.

Muy pronto, Luther fue comisionado al árbol en el patio, donde podía deleitarse explorando como quisiera, usando su fuerte cola enrollada en forma de anilla (de ahí el nombre de la especie) para trepar, columpiarse entre las ramas y escoltar a los gatos en visitas sorpresa. A Luther le encantaba abalanzarse y atrapar a felinos desprevenidos que pasaban por allí, los cargaba a su casa en el árbol, y los acostaba con gentileza en su balcón delantero para pasar un buen rato sacándoles las pulgas. Cuando terminaban las sesiones de acicalamiento, soltaba a sus víctimas para que se bajaran del árbol, mientras que él, afanosamente desenroscaba los bombillos del balcón y los hacía añicos tirándolos al suelo o saqueaba los latones de basura buscando botellas de kétchup o latas de cola para darse un suculento gustito.

En la noche, Luther se hacía una sábana con cualquier trapo o alfombra que pudiera encontrar. Se la tiraba sobre la cabeza y se cubría su pequeño cuerpo, de modo que solo podías ver su carita, y luego se acostaba a dormir cómodamente en cuclillas.

En muchos sentidos, era como un bebé. Le gustaba que los seres humanos lo acurrucaran y le canturrearan con voz suave. Él respondía con pequeños sonidos *huh, huh*, indicando así que estaba contento y que los quería mucho, muy parecido al ronroneo de un gato.

Sin embargo, simplemente no lo podían dejar solo. Luther tiraba de su cubo de agua, que había sido clavado al árbol, hasta que lo viraba y terminaba pasando tremenda sed. Una bañera de metal funcionó por algún tiempo, hasta que Luther comenzó a bautizar gatitos.

Torcía las llaves de agua hasta hacer que el agua manara a raudales como las bocas de incendio. Una manguera que goteaba se convirtió en su salvavidas, aunque creó un fanguero permanente debajo de su árbol.

Su pasatiempo favorito era cubrir la boquilla de la manguera con su mano, para rociar a los visitantes desprevenidos.

Supongo que te estarás preguntando por qué alguien soportaría todo estos problemas. ¿Quién necesita esa angustia? ¿No sería más fácil comprar un pez de colores lindo y tranquilo?

La respuesta es sencilla pero profunda: porque la familia de Dianne amaba a aquel monito. A pesar de sus defectos, que eran legiones. Independientemente de los problemas en los que se metía. Sin importar cuántas veces tuvieran que limpiarlo, apresurarse para rescatarlo o protegerlo de él mismo. Lo amaban incondicionalmente —con un amor que no se basaba ni en conducta ni en méritos, en si lo merecía o no.

Tal como Papá Dios nos ama a nosotras.

«Incluso antes de haber hecho el mundo, Dios nos amó y nos eligió en Cristo para que seamos santos e intachables a sus ojos» (Efesios 1.4 NTV). ¿Puedes verlo? El amor de Dios por nosotras no depende de nada que hagamos o que dejemos de hacer. El amor mismo del Padre es lo que nos hace santas y completas, no es nada que podamos idear, crear o ganarnos. Y Él nos ha tenido —a ti y a mí— en mente para ser el foco de Su amor aún antes de la creación de nuestro mundo. ¡Qué pensamiento tan apacible y tranquilizador! ¡Qué seguridad indescriptible! Saber que somos realmente amadas, *independientemente*. Sin importar cuántas veces metamos la pata. En medio de nuestros líos autoinfligidos; cuando las cargas peludas de nuestro día nos pesan sobre los hombros y nos aprietan el cuello con sus colas anilladas. Somos incondicionalmente amadas cuando las criaturas de la oscuridad se nos pegan y amenazan con enterrar sus dientes afilados en una carne vulnerable, simplemente para ver de qué estamos hechas.

Aun si reaccionamos pésimamente, aun si el estrés nos transforma en criaturas irreconocibles y destructivas, hay una vía de escape. Si solo recordamos el legado de Luther.

Alguien nos atesora. Nos valora. Nos adora. Papá Dios no quiere si no acurrucarnos, canturrear en nuestros corazones atribulados Su consuelo y Su paz. En cualquier momento. En cualquier parte. Él nunca se rinde con nosotras, nunca pierde la esperanza en nosotras y soporta en medio de cada circunstancia.

Y mi hermana, Él no hace tonterías.

* Las divertidas hazañas de Luther fueron amorosamente documentadas por su mamá humana, Lila Rae Caldwell Yawn.

El amor no tiene nada que ver con lo que estás esperando recibir, solo con lo que estás esperando dar —que es todo.

KATHERINE HEPBURN

DES-ESTRESÉMONOS

1. Yo, al igual que Luther, tiendo a persistir en mi terquedad, en detrimento propio, sin percatarme de mi locura hasta que es demasiado tarde. He virado demasiados cubos de agua y luego me he quejado de sed. ¿De qué maneras te identificas con Luther?

2. ¿Cómo 1 Corintios 13.7 y Efesios 1.4 se relacionan con aquellas de nosotras que somos tan obstinadas y atrevidas como Luther?

3. ¿De qué maneras específicas el amor incondicional de Papá Dios te hace sentir mimada, valorada y en paz?

En último lugar
(VALOR)

> *Pues Dios no nos ha dado un espíritu de temor y timidez sino de poder, amor y autodisciplina.*
>
> 2 TIMOTEO 1.7 NTV

Estoy tan perdida, me lamenté. *¿Cómo es posible que me enrede tanto en una ciudad en la que he vivido por treinta años?*

Acababa de ver el edificio que me hizo darme cuenta de que me encontraba a millas de distancia, en la dirección opuesta a mi destino. Me salí de la concurrida calle, y entré en otra casi desierta para poder virar. *Por todos los cielos, Señor, ¿por qué me creaste sin ningún sentido de dirección? El concierto se va a haber acabado para cuando finalmente llegue.*

En ese momento, algo inusual en la carretera captó mi atención. Reduje la velocidad y miré otra vez. *¿Será eso realmente un cuerpo?* Me quedé boquiabierta. ¡No lo podía creer! Un hombre... un hindú anciano con una túnica blanca estaba tendido boca arriba sobre el asfalto. Un auto vacío estaba estacionado cerca, el motor encendido y la puerta del pasajero abierta de par en par.

¿Será un truco? Había escuchado de criminales que usaban este tipo de táctica para timar a buenos samaritanos. Mi cerebro confundido daba vueltas.

Ya iba tarde para el gran concierto debut de mi amiga y estaba molesta. Por alguna razón inexplicable, cuando puse la dirección, mi GPS me había enviado a un lote baldío en el lado equivocado de la ciudad en vez de enviarme a la sala de conciertos. ¿Qué se había apoderado de esta máquina estúpida? Y ahora había un cuerpo en la carretera. ¡Por Dios! Seguramente alguien se va a detener. Mi práctica voz interior recitó todas las razones por las que no podía ser yo.

Estoy vestida muy elegante. Hasta llevo mi sombrero negro con brillo, ¡por amor de Dios!

Puede que haya sangre. Gérmenes. SIDA.

Mis amigas me están esperando; se van a preocupar si no me presento.

¿Qué podría hacer si este pobre hombre está realmente en problemas?

Pero entonces, mis pensamientos egoístas fueron superpuestos por una cita bíblica que había escuchado miles de veces: «Les aseguro que todo lo que hicieron por uno de mis hermanos, aun por el más pequeño, lo hicieron por mí» (Mateo 25.40 NVI). Ese versículo siempre había lucido tan limpio y bien puesto en mi Biblia. Pero en la vida real, tenía el presentimiento de que podía tornarse bastante sucio y desordenado.

Ok, Papá Dios, ya entiendo. Quieres que me detenga. Espero que sea cierto que envías una protección especial para tus hijas y tontas. Ambos sabemos cuál de ellas soy yo.

Frené, tomé mis llaves, aseguré el auto y me tambaleé en mis tacones negros italianos hasta el hombre inmóvil. Sus ojos oscuros, vidriosos y con la vista perdida, miraban hacia arriba desde un rostro grisáceo. Un hombre joven, en sus treinta, apareció del otro lado del auto, haciendo gestos desesperados mientras hablaba por su celular en un inglés con mucho acento. «¡Mi papá... enfermo del corazón... también diabetes... No, *no,* no puedo... No sé cómo administrar CPR!».

Sus ojos desesperados se toparon con los míos y un rayo de esperanza brilló en ellos. La pregunta sin pronunciar estaba suspendida allí, en el calor de una ardiente tarde de junio. ¿Podría —*debería*— ayudar?

Fustigué a Papá Dios en mi cabeza. *¿Yo? Oh, no, ¡yo no, Señor! ¿En qué estás pensando? Tú sabes que no soy buena en emergencias. Voy a vomitar o me voy a desmayar.* Y entonces miré al hombre desvalido tirado a mis pies, con la vida escapándosele poco a poco. ¿Y qué si fuera mi propio padre?

Tragándome la ola de miedo en mi garganta, asentí con mi cabeza al hombre en el teléfono y me subí mi larga falda negra para arrodillarme al lado del hombre en apuros. Y disparé una oración al cielo: *¡Por favor, ayúdame a recordar cómo se hace esto!*

Mi resucitación cardiopulmonar no estaba solo oxidada, era sencillamente decrépita. Hacía años que había tomado un curso de primeros auxilios y simplemente *no* logré cogerle el tino en el asunto de resucitar a aquel muñeco. Llegué en último lugar en mi clase. Todavía recuerdo muy bien el fastidio poco disimulado del instructor cuando firmó mi tarjeta solo para salir de mí luego de que el resto del grupo ya se había ido.

El hijo, en medio de su pánico, le daba direcciones al operador del 911, mientras mis húmedos dedos buscaban el pulso en la carótida del anciano. Nada. Tampoco estaba respirando. Ni por mi vida me acordaba de la razón adecuada entre las compresiones del corazón y las respiración boca a boca.* ¿Eran ocho por cada dos? ¿Veinte por cada cinco? Simplemente no me acordaba. ¿Por qué no presté más atención en clase?

Mis pensamientos eran una mezcolanza. *Señor, estoy aterrada. ¿Qué tal si esto termina en desastre a causa de mis errores? Por favor, envía a alguien que sepa lo que está haciendo.* Y desesperadamente recorrí con mi vista la carretera bordeada por árboles. Vacía. *Oh, no. Simplemente no estoy calificada. No soy capaz. Tengo miedo.* ¿Fue así como se sintió Moisés cuando Dios lo envió —un pastor tartamudo y fugitivo— a ser el rescatador de una nación?

Un versículo bíblico impregnó mi mente. «Todo lo puedo en Cristo que me fortalece» (Filipenses 4.13 NVI).

¿Hasta yo puedo?

Sí, hasta tú, hija mía.

Respira hondo. Exhala. Decidí seguir la razón de diez a tres, pensando que hacer algo era mejor que nada.

Todo lo puedo en Cristo que me fortalece. Cerré los ojos momentáneamente. Ok, Debbie. Concéntrate. ¡Y simplemente hazlo!

Comencé a bombear el pecho del hombre, intercalando bocanadas de aire en su boca, mientras mantenía apretada su nariz. Pensamientos sorprendentes me asediaron mientras trabajaba: *Debo quitarme el sombrero, el ala sigue tropezando con la cara de él; no, mi pelo debe verse terrible después de haber tenido puesto este sombrero por tanto tiempo, déjatelo puesto. ¡Qué bellas son estas túnicas! La tela es tan exquisita. Se está ensuciando aquí en el piso; ¡qué pena! Probablemente su esposa se pasó horas planchándola. Qué extraño cómo las marcas de mi lápiz de labios se ven cruzadas en los labios de este señor. Espera un minuto. ¿Qué rayos estoy pensando? ¿No se supone que sea un poco más espiritual en un momento como este?*

Después del tercer ciclo de CPR, la barbilla de la víctima tembló y gimió débilmente. Otros dos conductores (ambos varones) se habían acercado para entonces y ayudaron a rodarlo hacia un lado, mientras él vomitaba. Yo podía escuchar la sirena de la ambulancia en la distancia y aunque todavía estaba inconsciente, sentí una oleada de esperanza por este extraño, por quien de repente estaba profundamente preocupada.

«Necesitamos continuar». Las palabras salieron de mi boca, mientras me encogía ante el residuo de vómito en los labios azulados que tenía de frente. Miré a los otros dos espectadores, con la esperanza de que al menos uno ofreciera su ayuda. Nada. Mi estómago dio un brinco ante el pensamiento de más respiración boca a boca. Pero aquí estaba en juego la vida de un hombre. Afortunadamente, no fue necesario. Antes de terminar otra ronda de compresiones, la ambulancia ya estaba allí; los técnicos médicos de emergencia se arremolinaron en la escena. Me paré junto al hijo afligido, mientras cortaban la hermosa túnica del cuerpo apenas con vida de su padre. Luego lo subieron en la ambulancia y cubrieron su rostro con una máscara de oxígeno. Sentí un fuerte vínculo con esta familia, aunque nunca supe sus nombres. Éramos tan distintos en la superficie, pero tan similares debajo de ella. Elevé otra oración silenciosa por ellos, mientras observaba la ambulancia alejarse.

Mientras regresaba a mi auto, estaba temblando tan violentamente que no podía poner la llave en el encendido. De alguna manera,

184 — Muy bendecida para estar estresada • • • • • • • • • • • •

encontré el celular en mi bolso para llamar a Chuck, pero se me cayó al suelo. Finalmente llegaron las lágrimas. Me sentía como una boca de incendios botando agua a borbotones.

Fue entonces cuando caí en cuenta que ni siquiera se suponía que estuviera allí. Si el GPS no me hubiera enviado a la derecha, en lugar de la izquierda, hubiera estado en el lado opuesto de la ciudad, tomándome un *chai latte* y disfrutando un concierto... mientras un hombre estaba muriendo. Y si no hubiera decidido, por casualidad, virar en aquella calle en particular, minutos cruciales se habrían perdido.

Pero, por supuesto, nuestro Dios no es un Dios de casualidades. Con cuánta perfección obviamente Él había orquestado todos los detalles, hasta el usar a una rescatadora poco cualificada y demasiado arreglada que quedó en el último lugar en su clase de resucitación. Porque Su especialidad, Su fuerte, Su maravillosa técnica operativa es usar a gente inadecuada, aterrada, para que sirvan como Sus manos y pies. El valor de Jehová es más que suficiente.

Es brillante, realmente. Porque así no cabe la menor duda de quién es el rescatador *real*.

*La Asociación Americana del Corazón ahora recomienda *solo* las compresiones del pecho (sin la respiración boca a boca) a una razón de cien por minuto.

> Adquieres fortaleza, valentía y confianza a través
> de cada experiencia en la que realmente te detienes
> para mirar el miedo a la cara. Tienes que hacer
> justo eso que crees que no puedes hacer.
>
> ELEANOR ROOSEVELT

DES-ESTRESÉMONOS

1. Menciona alguna ocasión en la que dependiste del valor de Dios porque el tuyo era inadecuado.

2. ¿Puedes pensar en alguna circunstancia en la que Dios usó intervención divina —como el malfuncionamiento de mi GPS— para colocarte en el lugar adecuado en el momento adecuado para hacer algo como Sus manos y pies? Puedes estar segura que Él lo ha hecho; algunas veces tenemos que abrir el capó para ver el motor que hace correr el auto.

3. Pasa un tiempo meditando en las extraordinarias posibilidades que presenta Filipenses 4.13: «Todo lo puedo en Cristo que me fortalece» (Filipenses 4.13 nvi). Apréndete este versículo de memoria, mi querida hermana. Atesóralo. Ámalo. Vívelo.

Rodillas sobre ruedas
(Oración)

Entonces ustedes me invocarán, y
vendrán a suplicarme, y yo los escucharé.

Jeremías 29.12 nvi

Ok. Admito que tal vez sea poco tradicional, ridículo, y hasta un poco infantil. Pero, ¡eh! ¡a mí me funciona! Y me refiero al compañero de oración que me lleva a la cima, Sir Lancelot. En lugar de carne y hueso, él corre con aceite y gasolina. Lance es un vehículo todoterreno.

El antecesor de Sir Lancelot, Trigger, fue mi primer VTT (vehículo todo terreno). Lo compré en un impulso mientras manejaba del trabajo en mi cumpleaños número cuarenta, y me sentía bastante vieja. Trigger, que tampoco era un jovencito, razón por la que exhibía un letrero de Se Vende, me hizo señas desde el patio de un extraño. Su carburador frío y metálico creó un vínculo inmediato con mi corazón de sangre caliente.

Mi esposo insistió en relocalizar a Trigger (diciendo alguna tontería sobre encontrar un lugar en el que yo pudiera causar el menor daño posible) a nuestra cabaña remota en los Smoky Mountains. Trigger y yo pasamos muchas estupendas vacaciones juntos, explorando aquel terreno montañoso. Pero, el pobre Trigger, finalmente resopló su último gas de combustión (no me cabe la menor duda que fue aceptado en el cielo de las máquinas y motocicletas con una excelente recomendación del mismo San Pedro) y Sir Lancelot pronto se mudó a nuestra cabaña.

El noble nombre Sir Lancelot le fue conferido debido a su propensión constante y poco noble hacia la flatu-*lencia*. Aunque es un robusto alpinista, Lance tiende a petardear/ventosear/tirar gases cuando vamos cuesta abajo (mis disculpas a las lectores con sensibilidades delicadas). Cuando esto ocurre, mi corazón se detiene y con frecuencia me agacho, pensando que algún oso vengativo y con un rifle me está disparando, escondido detrás de un árbol.

Considero que esos momentos que paso sentada a horcajadas sobre Sir Lancelot es mi tiempo de oración más efectivo y ferviente. Especialmente durante el otoño, cuando la brocha de Dios ha estado bastante ocupada y deja hojas tan coloridas como la famosa túnica de José a lo largo de los senderos de la montaña, que crujen bajo el casco de mi confiable corcel del siglo veintiuno.

Ahora bien, nunca he montado muchos caballos, pero montar a Sir Lancelot es el ensayo más próximo que jamás tendré. Mi experiencia equina previa consiste de un robusto poni al final de una soga en una feria de pueblo cuando tenía cinco años, y luego, a los treinta y dos, cuando una yegua terrorista y semisalvaje se negó a continuar su paseo a través de dos pies de nieve en Colorado. Cuando se hartó de nuestra excursión glacial, de repente, se paró en sus dos patas traseras (sip, igualito que Plata, el caballo del Llanero Solitario... solo un poco más chillona), giró 180 grados y salió disparada hacia un granero calientito, conmigo a cuestas tratando de sobrevivir. Por poco termino decapitada cuando tuve que dar un salto mortal en la montura para evitar una viga.

Mi fiel Lance nunca se ha escapado, aunque ha habido ocasiones en las que yo volé en una dirección y él en otra, al atravesar por alguna zona difícil y rocosa en un riachuelo. Él nunca se queja, ni tira zapatos, ni necesita que lo lleve al veterinario. Todo lo que pide es un cubo de gasolina y una frisa calientita en las noches que hace mucho frío (hasta con una carpa se conforma).

Ah, y no cambio por nada la valiosa experiencia de oración de disfrute sobre mis cuatro ruedas a través de esas colinas —encontrándome con mi Señor cara a cara en Su catedral de la cima. No son palabras que evoquen adoración, sino simplemente deleitarme en la presencia de Dios; una oportunidad maravillosa de estar en silencio y escuchar Su voz sublime y en calma, susurrando a mi alma. La Madre Teresa, pequeña en estatura pero enorme en espíritu dijo en una ocasión: «Dios habla en el silencio del corazón. Escuchar es el comienzo de la oración». El aire frío se cuela entre mi cabello, el sol calienta mi espalda, los insectos aterrizan en mis dientes, y yo adoro al Señor por la magnificencia de Su creación. Comienzo a *vivir*, y me doy cuenta, con remordimiento, que paso el balance de mi tiempo mayormente en un estado moribundo.

No quiero orar como si fuera un quehacer. No estoy asumiendo un cargo, ni dándole instrucciones a Dios sobre lo que es mejor para mí. Tampoco quiero que mi vida de oración consista meramente de ruegos desesperados en NecesitoaDiosAhora.com.

Y sobre todo, no quiero quedar atrapada en la religión y perder la relación. Estar tan ocupada aprendiendo sobre Él y haciendo el millón de cosas a las que llamo servicio a Él que descuide el *conocerlo* a Él. Es ahí cuando el cristianismo se convierte en «simpatiquismo» y conductas —correctas e incorrectas— en lugar de una comunicación viva y dinámica con un Salvador amoroso y vivo.

No, yo me acerco con un corazón humilde, una mente abierta y un espíritu sediento. *Atesoro* el tiempo que paso con Él. Nadie dice que tenemos que arrodillarnos, o juntar las manos o bajar la cabeza para orar. «Ciertos pensamientos son oraciones. Hay momentos cuando, sin importar cuál sea la postura del cuerpo, el alma está de rodillas» (Víctor Hugo, *Les Misérables*).

El impresionante contraste de hojas doradas, rojas y naranjas contra el cielo azul cobalto me acerca a Su trono, donde siento la presencia de Dios en cada pulgada de mi ser. Su cálido amor me rodea, me abarca, me empapa de arriba a abajo.

Pensándolo bien, es probable que esa parte de empapar se deba a que se me olvidaba, de vez en cuando, subir mis pies cuando atravesaba un riachuelo.

Así y todo, Sir Lancelot me ayuda a cumplir con el mandamiento bíblico «oren sin cesar» (1 Tesalonicenses 5.17 nvi). La oración —cuando es menos un evento y más un modo de pensar— es una parte vital e integral, no, es el *todo* de mi existencia cuando estoy en comunión con mi Creador de momento en momento y de día en día.

Cada una de nosotras necesita un compañero o una compañera de oración que nos ayude a transportarnos a la sala del trono de Dios. Entonces dime, ¿quién o *qué* es tu Sir Lancelot?

No está bien que un hombre ore crema
y viva leche descremada.

HENRY WARD BEECHER

DES-ESTRESÉMONOS

1. ¿Es para ti la oración un evento individual o un modo de pensar continuo? La oración puede convertirse en nuestro último recurso, en lugar del primero, si no valoramos la comunicación con Cristo como algo tan importante como respirar. Aun antes de que nuestras oraciones sean contestadas, nos beneficiamos de la inmensa bendición de Su compañía amorosa.

2. Pasar tiempo en la presencia de Dios es donde comienza todo... aceptación, paz, transformación. Si bien es cierto que podemos mantener las líneas de oración abiertas a cada minuto durante nuestros días ajetreados, también necesitamos periodos prolongados ocasionales de remojos extendidos. Mira tu calendario en este momento y separa un tiempo de calidad con tu Papá Dios para la próxima semana. ¡Él quiere pasar tiempo contigo!

3. ¿Tienes una compañera de oración —de carne y hueso, metálica, o de cualquier otra materia? ¿Qué tal si consigues a alguien que se comprometa hoy?

Milagros cotidianos
(La soberanía de Dios)

*Podemos hacer nuestros planes, pero
el Señor determina nuestros pasos.*

Proverbios 16.9 ntv

Mordí mi barra de desayuno, mientras restregaba mis ojos soñolientos y pasaba las páginas del *Tampa Tribune,* una mañana a principios de enero. ¡Sorpresa! Casi vomito mi cereal cuando mi propio rostro, tamaño natural, me sonrió desde aquella página. Bueno, no era exactamente tamaño natural, pero era lo suficientemente grande como para que resaltaran mis patas de gallo y mis bolsas debajo de los ojos. ¿Cómo es posible que los periódicos no tengan una masilla mágica para arreglar esos detalles?

En cualquier caso, me sorprendió ver el artículo de página entera en la sección principal (sabía que iban a publicar el artículo, pero pensé que sería mucho más corto y que estaría en alguna de la últimas páginas). Me sentí totalmente sobrecogida por esta bendición inmerecida; que Papá Dios hubiera ordenado los detalles de mi vida para comenzar el nuevo año con la maravillosa afirmación de Su mano en mi vida. ¡Sus huellas digitales estaban en todas las esquinas de aquella extraordinaria sorpresa! Me regocijé en la certeza de que Él estaba obrando constantemente, allanando planes para usar mis dones y capacidades insuficientes para Su servicio y Su buena voluntad (ver Filipenses 2.13).

¿Sabes? Él es el Señor de los detalles. Y a Él le encanta sorprendernos.

Una de mis historias bíblicas preferidas que prueba esto siempre ha sido cuando los discípulos de Jesús fueron enviados a buscar un lugar para la cena de Pascua (la Última Cena), y descubrieron que Jesús había arreglado de antemano todos los detalles, hasta el hombre con el que se encontraría y que llevaría un cántaro de agua en la cabeza (ver Marcos 14.12–16).

Esto era muy atípico, puesto que los hombres no cargaban agua en aquel tiempo —esa era tarea de las mujeres. Eso estaba fuera del reino masculino. Es como si a Jack Nicholson lo nombraran como el nuevo portavoz de CoverGirl.

Durante la pasada temporada navideña me percaté que esa misma atención divina a los detalles fue evidente durante los eventos que rodearon el nacimiento de Jesús: el embarazo milagroso y sin hombre de María, el censo que fue tomado en el momento exacto en que María y José estaban en Belén (a muchas millas de distancia de su hogar en Nazaret) para que el nacimiento de Jesús cumpliera la profecía de Miqueas 5.2, y la presencia de una estrella extraordinariamente resplandeciente (ver Mateo 2.2) para anunciar la llegada del tan esperado Mesías.

Algunos creen que aquella estrella guía era realmente dos planetas, Venus y Júpiter, que se alinearon en los cielos en esta sublime ocasión para aparecer como una lucecita celestialmente resplandeciente. Independientemente de que Dios haya jugado un ajedrez sobrenatural con los planetas o haya creado un reflector especial solo para la ocasión, Él debe haber comenzado el proceso décadas antes.

Y piensa en los sabios que siguieron la estrella para encontrar al Bebé Jesús (ver Mateo 2.1–21). Dios había arreglado de antemano todos los detalles con m-u-c-h-a anticipación. Daniel había sido capturado y llevado a Babilonia quinientos años antes; los magos, descendientes del pueblo de Daniel y remanentes de su fe judía en una tierra decididamente no judía, viajaron novecientas millas durante más de un año y llegaron en el momento preciso para ofrecer sus costosos regalos a María y a José, en favor de Jesús. El oro, el incienso y la mirra que ellos trajeron costearon la huída a Egipto de la familia pobre y santa (justo después que el último camello de los magos desapareció detrás de la colina) para salvar a Jesús de la redada de muerte del celoso rey Herodes.

Ninguna coincidencia. Igual que no existen coincidencias en las *notas de gracia* en nuestras vidas. Las notas de gracia —los toquecitos diarios y especiales de Papá Dios que nos recuerdan que Él nos está cuidando— con los milagros cotidianos que reflejan la soberanía de Dios, Su poder y autoridad supremos sobre cada detalle de nuestras vidas.

Una de mis notas de gracia personales favoritas involucran a una dama que conocí hace algunos años. Durante nuestra primera conversación, sentí que Gina estaba buscando algo que llenara el hueco con forma de Dios que había en su vida, y el Espíritu Santo había estado preparando el corazón de ella para Su presencia. Anteriormente, Gina había tenido una mala experiencia con «gente de iglesia criticona» y estaba dudando si debía exponerse otra vez a ese rechazo doloroso. Yo quería probarle que los verdaderos seguidores de Cristo no les disparan a los heridos, sino que se alegran de llevarles de la mano a la sanidad por medio de Cristo.

Sin pensarlo dos veces, invité a Gina a nuestra iglesia y le pedí que se sentara con mi familia. Las repercusiones me golpearon luego. El problema era que Gina fumaba y yo soy muy alérgica a ese humo. Siempre que estoy cerca de él, mis ojos, oídos, garganta y fosas nasales me pican con locura y comienzan a contraerse. Termino arañándome la cara y asfixiándome como un gato con una bola de pelo en la garganta. El primer domingo que Gina vino a la iglesia, llegó tarde. Me sospechaba que se había retrasado por la batalla interna sobre si debía o no arriesgarse a venir. El servicio ya había comenzado cuando llegó y, luciendo totalmente avergonzada, tuvo que brincar por encima de cuatro faldas para llegar hasta la silla vacía al lado mío. Tanto mi esposo como mi hija, muy conscientes de mi alergia, me lanzaron miradas despreciativas mientras ella pasaba, porque aparentemente Gina se había fumado uno o dos cigarrillos de camino a la iglesia. El olor a humo saturaba su ropa y su cabello como rayos supersónicos. Yo era Clark Kent y ella era criptonita.

Alcé una oración del tipo «¡Por favor, Señor, ayúdame!», le di a Gina un abrazo de bienvenida y me preparé para que comenzara el espectáculo de crisis de Debbie.

Pero nada ocurrió. Ni un estornudo, ni un carraspeo. Nada. Y mejor aún, el Maestro de los Milagros Cotidianos bloqueó mi alergia al humo no solo aquel día, sino todos los domingos durante los dos años que se sentó a mi lado en la iglesia. Ah, todavía sufro mis reacciones alérgicas normales cuando estoy cerca de un fumador en restaurantes o parques de diversión o viendo un juego de pelota, pero ni una sola vez en la iglesia, sentada al lado de Gina mientras el amor redentor de Dios se derramaba sobre nosotras dos.

¿Acaso no nos quita una peña de estrés de nuestros hombros caídos y cansados el saber que la soberanía de Dios, Su autoridad suprema sobre este universo que Él creó, prevalece sobre las piedrecillas de control que pensamos que tenemos? Mi querida amiga, afanarnos y luchar por controlar el curso de nuestras vidas no depende de *nosotras*, porque Él es el CEO, el Jefe a Cargo, el escritorio Hasta Aquí Llegó el Asunto. «Ninguna cosa creada escapa a la vista de Dios» (Hebreos 4.13 nvi).

Saber que el Creador del universo de alguna manera saca el tiempo para manejar hasta los detalles más pequeños de nuestras vidas es increíblemente alentador y nos da una gran lección de humildad. Hace que sea más fácil confiar en Él para los asuntos importantes, ¿no crees?

Coincidencia es la forma de Dios de mantenerse anónimo.

ALBERT EINSTEIN

DES-ESTRESÉMONOS

1. Ok, piensa en un momento en el que el Maestro de los Milagros Cotidianos arregló de antemano todos los detalles en un evento particular de tu vida. Ahora piensa en otro. ¿Puedes ver un patrón?

2. ¿Cómo estas notas de gracia afirman que la mano de Dios está sobre tu vida? ¿Puedes discernir sus huellas digitales?

3. Toma un momento para adorar a nuestro Señor y Salvador por su soberanía todopoderosa. Recuerda, ¡Él es grande y está en control!

Perdida y hallada
(Fe)

*Si tuvieran fe, aunque fuera tan pequeña
como una semilla de mostaza, podrían
decirle a esta montaña: «Muévete de
aquí hasta allá», y la montaña se
movería. Nada sería imposible.*

MATEO 17.20 NTV

Entré al garaje y abrí el maletero. Mis brazos, ya sobrecargados con las bolsas del asiento delantero, amenazaban con desplomarse mientras combinaba todas las cosas posibles con las bolsas del supermercado, para llevarlas adentro, viaje tras viaje.

Después de cerrar de golpe el maletero, estiré mi brazo por la ventana del asiento del pasajero para alcanzar mi bolso, que vive en esa mesita entre los dos asientos. No está ahí.

Esto no es terriblemente alarmante porque mi Big Bertha tiene fama de, bajo los efectos gravitacionales de la inercia, sale disparada de su residencia vehicular cuando tengo que frenar repentinamente. Lo que ocurre a menudo.

Nop, tampoco está en el piso.

Bueno, digamos que a veces mi bolso se da una vueltita tipo montaña rusa, dependiendo de la dirección en la que el auto estaba virando cuando el efecto inercia tuvo su efecto. Así que refunfuñando y quejándome, metí la mano por debajo y por el lado de los asientos. Desenterré tres bolígrafos, dos esqueletos de manzana fosilizados, una cáscara de banana oscura y tiesa (¡ah, por *eso* es que se me antojaba un pedazo de pan de banana cada vez que estaba manejando!), un marcador de libros con orejas de perro, $1.37 en menudo suelto, una lista de supermercado perdida hace tres meses, un paquete seco de pañitos para las manos, un tenedor sucio, un envase de yogurt casi vacío y un tubo de máscara. Pero ningún bolso. Miré debajo de las butacas traseras (mi forma de manejar en reversa ha sido ocasionalmente comparada con un murciélago saliendo de alguna cueva excepcionalmente caliente), pero no encontré ninguna señal de mi bolso.

Ok, ahora sí estaba entrando en pánico.

¿Perdí mi bolso? ¡Oh, no, no, no! No puedo perder mi bolso... ¡todo está *ahí*! Mi permiso de conducir, tarjetas de crédito, chequera, tarjetas de seguro, recibos de toda la ropa que tengo que devolver, mis lentes para leer, suficiente comida para vivir por un mes en una isla desierta, y más importante todavía, el último pedazo de aquella barra de chocolate alemán que compré en mis vacaciones el año pasado.

¡No es posible que haya perdido todo esto! ¡Dime que no es cierto!

Me imaginé colocando mi bolso encima del auto para abrir la puerta, olvidarla allí y salir manejando. Ay, ay, ay. En realidad, una vez sí lo hice con mi estuche de CD's. ¿Puedes escuchar el sonido crujiente? Las entrañas de mi bolso pueden estar desparramadas en cualquier punto de las cinco millas entre el supermercado y mi casa. Aguja. Pajar. *¡No!*

Mi imaginación hiperactiva se activa y me imagino a una ganga de delincuentes juveniles en bicicleta recogiendo mis artículos personales como una carrera para buscar huevos de Pascua y comprando catorce cajones de Laffy Taffy con mis tarjetas de crédito. Mi angustia se convierte en rabia cuando el punk con aretes en la nariz y pelo gótico en mi mente abre la boca para comerse el último trozo de mi barra de chocolate alemán. Con mi corazón palpitando a las millas, entré a la cocina para llamar a la policía. Olvidándome de las bolsas que había tirado al lado de la puerta, me tropecé y caí de cara en el piso, rodeada de uvas por todas partes, melones rodando por toda la cocina, latas de frijoles y... ¡oh, Dios! ¿Qué es eso? ¡Madre mía! Mi bolso, ahora liberado de la bolsa del supermercado donde aparentemente la había metido cuando mi memoria estaba hibernando.

¡Ah! ¡Qué alivio! Los nudos en mi estómago comenzaron a soltarse. Las cuerdas debajo de mi cuello se relajaron. Mi bolso estaba perdido y ahora fue hallado. Estaba ciega y ahora puedo ver.

La vida se parece tanto a esto. Buscamos respuestas por todas partes, y nos agobiamos y estresamos cuando la fuente de conocimiento está en nuestra posesión todo el tiempo. Se llama la Biblia.

Durante mi depresión, que duró dos años, luego de tres abortos espontáneos que desgarraron mi corazón, busqué respuestas: ¿Por qué? ¿Cómo un Dios amoroso permite que esto ocurra cuando oramos y buscamos su dirección antes de cada embarazo? ¿Acaso me había abandonado? Ciertamente así lo sentía. ¿O sería que Él nunca había estado allí realmente?

Preguntas muy difíciles. Preguntas que pueden fortalecer nuestra fe o hacerla añicos. Esas que cada una de nosotras encara cuando hemos sido devastadas por alguna pérdida. Cuando no podemos orar y nos sentimos totalmente desesperadas. Perdidas sin un mapa.

Durante todo un año, no encontré respuestas. La palabrería trillada y enlatada de personas bienintencionadas lo único que hacía era enojarme: «Es la voluntad de Dios, simplemente acéptala». «Busca el lado bueno en cada situación». «Si tuvieras suficiente fe, esto no te resultaría tan difícil».

Pues bien, aparentemente *no tenía* suficiente fe. A pesar de haber vivido veinticinco años como una seguidora de Cristo, no estaba segura si todavía me quedaba algo de fe. La sensación de vacío en mi alma amenazaba con devorarme completa. La inseguridad espiritual añadió más estrés a mi ya abrumadora existencia.

En absoluta desesperación, regresé a mi Biblia. El único lugar en el que *no* había buscado.

Comencé a leer los salmos, y a identificarme con David, a medida que él desnudaba su corazón herido. Y encontré solaz en versículos que le gritan a Dios en la cara, como: «inundo de lágrimas mi almohada» (6.6

DHH); «Como agua he sido derramado; ... mi corazón se ha vuelto como cera, y se derrite en mis entrañas» (22.14 NVI); «el dolor no me deja un solo instante» (38.17 NVI); «¿Por qué escondes tu rostro y te olvidas de nuestro sufrimiento y opresión?» (44.24 NVI); «se me estremece el corazón dentro del pecho» (55.4 NVI); «Busqué compasión, y no la hubo; busqué consuelo, y no lo hallé» (69.20 NVI); «¿Por qué te quedas cruzado de brazos?» (74.11 NVI); «tan turbado estoy que ni hablar puedo» (77.4 NVI); «¡me levantaste para luego arrojarme!» (102.10 NVI); «sácame de la prisión» (142.7 NVI); y «ya no me queda aliento» (143.4 NVI).

Los gemidos de desesperación de David se convirtieron en mis oraciones —la única comunicación con Dios para la que tenía fuerzas. Pero estos gemidos abrieron la puerta. Gradualmente, con el paso de muchos meses, la roca que tenía por corazón comenzó a resquebrajarse de adentro hacia fuera. Dios bendijo mi obediencia renuente por buscar alimento —no, vida misma— en Su Palabra.

Algunas veces, cuando menos queremos hacer algo, es precisamente eso lo que más necesitamos. Me mantuve leyendo todos los días, por pura obediencia, y avancé a versículos en los salmos del tipo ayúdame-a-confiar-otra-vez, como: «Jehová es mi pastor; nada me faltará ... Tu vara y tu cayado me infundirán aliento (23.1, 4 RVR1960); «Vuelve a mí tu rostro y tenme compasión, pues me encuentro solo y afligido» (25.16 NVI); «Si por la noche hay llanto, por la mañana habrá gritos de alegría» (30.5 NVI); «Tenme compasión, Señor, que estoy angustiado» (31.9 NVI); «Busqué al Señor, y él me respondió; me libró de todos mis temores» (34.4 NVI); «Guarda silencio ante el Señor, y espera en él con paciencia» (37.7 NVI); «¿Por qué te abates, oh alma mía, y por qué te turbas dentro de mí? Espera en Dios; porque aún he de alabarle» (42.11 RVR1960); y «Quédense quietos, reconozcan que yo soy Dios» (46.10 NVI). Otros salmos que ofrecen esperanza y sanidad son 56, 63, 119, 121 y 139.

En aquellas páginas había encontrado un mapa, pero no me di cuenta de que realmente estaba saliendo de mi caverna oscura hasta que vi una luz asomándose por encima del borde.

La Palabra de Dios se filtró en mi espíritu sediento como una fuente de agua sanadora. Mientras oraba a través de los salmos, algo inexplicable cambió en mi interior. Mis circunstancias no habían cambiado. Todavía no estaba arrullando a un bebé en mis brazos. Pero, de alguna manera, la semilla de confianza en el Gran Sanador se había arraigado y floreció en mi interior como una flor fragante.

Una vez más, era capaz de adorar a mi Padre celestial a través de salmos como: «¡Tú [Señor] mantienes en alto mi cabeza!» (3.3 NVI); «En paz me acuesto y me duermo» (4.8 NVI); «Dios se acuerda de los afligidos y no olvida sus lamentos» (9.12 DHH); «¡Cuánto te amo, Señor, fuerza mía!» (18.1 NVI); «Nosotros celebraremos tu victoria» (20.5 NVI); «Podrán desfallecer mi cuerpo y mi espíritu, pero Dios fortalece mi corazón; él es mi herencia eterna» (73.26 NVI); «Señor Todopoderoso, ¡dichosos los que en ti confían!» (84.12 NVI); «pues te cubrirá con sus plumas y bajo sus alas hallarás refugio» (91.4 NVI); «¡Grande es el Señor y digno de alabanza» (96.4 NVI); «Porque el Señor es bueno y su gran amor es eterno; su fidelidad permanece para siempre» (100.5 NVI); «Yo amo al Señor porque él escucha mi voz suplicante» (116.1 NVI); y «[Él] restaura a los abatidos y cubre con vendas sus heridas» (147.3 NVI).

Después de este proceso de búsqueda —y es un proceso, no un descubrimiento repentino— mi relación con mi amante Padre celestial fue total y gloriosamente restaurada. Una paz sobrenatural invadió mis nervios estropeados.

La sanidad requiere un esfuerzo de nuestra parte; no podemos simplemente sentarnos como un bulto lastimado y herido, y esperar que nos alcance. Tenemos que buscar muy en lo profundo para encontrar el coraje para buscar ayuda de la fuente misma de nuestro dolor. O, por lo menos, es lo que percibimos. Pero entonces, por la gracia de Dios, *encontraremos* lo que realmente nunca estuvo perdido.

En una nota más liviana, creo que perder artículos como mi bolso es algo hormonal. Pero claro, culpo a las hormonas por todo. Solo no he podido descifrar por qué mientras menos hormonas tengo, a medida

200 — Muy bendecida para estar estresada

que envejezco, más cosas pierdo. Lo que sí he notado que esas cosas que encuentro después de haberlas perdido, oh, ¡cuán valiosas se vuelven!

Como la fe. Y una barra de chocolate. Mmm.

> La fe puede mover montañas, pero no te sorprendas si Dios te pasa una pala.
>
> AUTOR DESCONOCIDO

DES-ESTRESÉMONOS

1. ¿Has pasado alguna vez por un momento en el que hayas sentido que has perdido tu fe? ¿Cómo la hallaste nuevamente?

2. Cuando te sientes herida, ¿adónde vas para buscar sanidad?

3. Recuerda este capítulo, querida hermana, y la próxima vez que tu dolor te esté alejando de Dios, comienza a orar los salmos detallados arriba. Te sorprenderás al ver cómo el levantar la Palabra de Dios ante Él en oración repondrá milagrosamente tu corazón roto. Estoy orando por ti.

Alimenta la fiebre

(Adoración)

*Entre la gente había también unos
fariseos, y le dijeron a Jesús:
—¡Maestro, reprende a tus discípulos!
Jesús les contestó:
—Les aseguro que si ellos se
callan, las piedras gritarán.*

Lucas 19.39–40 TLA

¿Será que este hombre podrá meterme una cosa más en la boca?

Llevaba horas en la oficina del dentista y parecía que todavía me
faltaban unas cuantas más. El procedimiento requería que me quedara
quieta (pura tortura para alguien que ya dio un paso más allá del ADD),
mientras el dentista sádico me metía en la boca todo lo que tenía en la
oficina que no estuviera pegado con cemento a algo.

Mi quijada cansada, más abierta que una trampa para osos, estaba
aguantando una boquilla de plástico moldeado de trescientas libras (o
por lo menos así la sentía), suficiente algodón para hacerles enaguas a
Scarlet O'Hara y a mi mamá, uno de esos espejos de metal en ángulo,
un pico de minero y unas cuantas docenas de esos palitos de madera
para aguantarte la lengua y mantenerlo todo en su lugar.

¡Ah! ¿Y mencioné un par de manos enguantadas del tamaño de un
guante de pelota?

Mi silla estaba en posición casi vertical y me echaron en la boca,
y con gran liberalidad, un tipo de pasta gris cuyo olor me recordaba a
los sapos que disecamos en la clase de biología, para que así mi lengua

tuviera algo que perseguir hasta mi garganta. Entonces, el Dr. Abre la Boca Grande, en su voz más severa, me advirtió: «*No* se mueva, señora. Coty, o tendremos que repetir todo otra vez. Regreso en quince minutos. ¿Cree que pueda mantenerse quieta todo ese tiempo?».

Empecé a recordarle que ya era una mujer adulta, ¡por Dios santo!, pero la bolita que cuelga al final de mi garganta de repente se enroscó alrededor de las maquinarias en mi boca. Todo lo que salió fue un «Ahhrrr».

Frunciendo el ceño, el Dr. Abre la Boca Grande se quitó los guantes, me hizo una advertencia usando su dedo, apagó las luces reflectoras y salió del cuarto. Él estaba de mal humor porque un rato antes me había dicho: «Cierra». Y lo hice. Bien duro. ¿Cómo se supone que yo supiera que la salchicha que él llama pulgar estaba entre mis muelas?

¡No puede ser! ¿Una sentencia en prisión de quince minutos? ¡Arrgh! Por mí, era lo mismo que si fueran quince años. Por lo menos tenía una pequeña diversión: el iPod en mi bolso, que colgaba estratégicamente del brazo de la silla de examen. Ya había anticipado esto. Intentando no mover la cabeza, me contorsioné en forma de S para rebuscar en mi bolso y encontrar a mi liberador electrónico. ¡Ah! Y lo encontré.

Me puse los auriculares, encendí el iPod y de repente mi cuarto se llenó con música de adoración. Una música maravillosa, alentadora y alegre que me hizo olvidar que me estaban latiendo las encías. Gracias a mi inclinación por el ritmo, comencé moviendo los dedos de mis pies, luego el asunto progresó a mover los pies y seguí con las rodillas.

Ya para cuando escuchaba «I Can Hear You», de Carolyn Arends —una de mis alabanzas favoritas que habla sobre escuchar la voz de Dios en medio del caos cotidiano— no pude evitar añadir un poco de movimiento de caderas. Y antes de darme cuenta, mis manos estaban levantadas, mi cabeza estaba marcando el ritmo y me había convertido en una especie de contoneo en adoración.

Lucas 19.39–40 (ver el principio del capítulo) cobró vida cuando los objetos inanimados que me rodeaban se unieron a mi pequeño festival de adoración: la bandeja con los utensilios dentales saltaba al ritmo, las bolitas de algodón brincaban en la mesa de examen, y hasta los reflectores encima de la silla asintieron con sus cabezas en su momento.

Me había transportado totalmente fuera de aquel cubículo dental esterilizado hasta el salón del trono de mi Rey. ¡Ah! ¡Estaba «haciendo» iglesia!

No hay necesidad de explicar la reacción exagerada del Dr. Abre la Boca Grande cuando abrió la puerta, porque ese no es mi punto. (Además, me parece grosero llamar a alguien «Pesadilla en la Calle Corona», ¿no crees?) Traté de ser paciente con él porque sospechaba que le apretaba la ropa interior o que necesitaba liberación. ¡Dios tenga misericordia de su corazón!

Ok, tal vez me dejé llevar un poco. Pero mi punto es que la adoración no tiene que ocurrir solo en un edificio con vitrales, ni en una catedral espectacular ni a una hora y en un lugar designado. La verdadera iglesia no es un edificio; es la gente, los adoradores que están adentro. Somos nosotras, tú y yo. Los verdaderos creyentes «somos nosotros, los que guiados por el Espíritu adoramos a Dios y estamos orgullosos de pertenecer a Jesucristo» (Filipenses 3.3 TLA).

Sip, nosotras las adoradoras espontáneas, de las que nace una adoración «sin bridas», de un espíritu alegre, son el tipo de adoradoras que está buscando el Padre. «Pero se acerca la hora, y ha llegado ya, en que los verdaderos adoradores rendirán culto al Padre en espíritu y en verdad, porque así quiere el Padre que sean los que le adoren» (Juan 4.23 NVI).

Entonces, mi amiga, podemos «hacer iglesia» dondequiera y en cualquier momento. A Papá Dios le encanta cuando lo hacemos. El Espíritu Santo está listo y dispuesto para encontrarse con nosotras, saludarnos, llenarnos... con el babero dental puesto... en la fila de carros para recoger a los chicos en la escuela... mientras esperamos por nuestras papitas en McDonalds. Él estará allí, sonriendo. Todo lo que necesitamos es un corazón lleno de adoración y que se maraville y se deleite ante Él.

Maravillarnos es adoración involuntaria.

EDWARD YOUNG

DES-ESTRESÉMONOS

1. ¿Te has sentido tan conmovida en algún momento que has «reventado» en adoración espontánea? Si no es así, te invito a que lo intentes... ¡no existe nada más estimulante!

2. No tienes que poseer una personalidad demasiado animada para «hacer iglesia» dondequiera que el Espíritu te mueva a hacerlo; a Dios le complace la adoración callada tanto como la extrovertida. Pero nunca sabrás lo que te estás perdiendo a menos que salgas de tu zona de comodidad (en privado, por supuesto) y adores a tu Creador con cada fibra de ti que Él creó. Canta, baila, levanta tus manos, grita, ríete, llora... lo que sea, si lo haces en un espíritu de adoración, honor y gratitud, ¡a Él le va a encantar!

3. ¿Qué es lo que más te motiva a la adoración? Hazlo en algún momento en esta semana.

¡Da el salto!
(Confianza)

*Confía en el Señor con todo tu corazón,
no dependas de tu propio entendimiento.
Busca su voluntad en todo lo que hagas,
y él te mostrará cuál camino tomar.*

Proverbios 3.5, 6 NTV

¡Splash!

Mi corazón dio un brinco mientras el perro *schnauzer* de doce años se agitaba con pánico y su cabeza se sumergía en el agua agitada.

Llevaba una semana cuidando los perros de mi hermana mientras ella y su familia estaban de vacaciones. Era tarde, pasadas las 10:00 p.m., y acababa de regresar de una cena elegante, y llevaba puesto uno de mis mejores set de pantalón y chaqueta. Había dejado salir al patio a cuatro perros emocionados y babeándose para hacer sus necesidades, y los estaba llamando para que entraran.

CJ, el anciano del grupo, estaba completamente sordo y casi ciego, pero todavía era capaz de funcionar siguiendo a sus compañeros de jauría. En esta fría noche de invierno, mientras los perros se dirigían al calorcito de la cocina, CJ comenzó a mover rítmicamente su cuerpo artrítico, en anticipación al rico hueso Milk-Bone que se avecinaba. Pero, en su emoción, se olvidó de la alberca.

«¡Cuidado, CJ!», le grité desde la puerta trasera.

Pero él no podía escucharme ni ver la superficie de agua que se abría paso ante él. ¡Y se fue de cabeza al agua!

Sin duda alguna, en sus tiempos de juventud, CJ hubiera nadado «a lo perrito» sin problema hasta las escaleras para salir de allí, pero a su edad, y en su estado de estrés, todo lo que podía hacer era chapotear e irse al fondo con una enorme piedra. Y mi corazón se hundió junto a él.

¿Qué debía hacer? Algunas ideas destellaron en mi mente: Llama al 911 (¿para un perro?), sácalo con el palo de limpiar la alberca (¡ni hablar!), tírale el salvavidas (¡eh, CJ no tiene manos!). Mientras la nariz negra de CJ se hundía por última vez, miré con angustia mi conjunto de ropa, que solo podía limpiarse en la tintorería. Era marca Kasper. Un ¡Kasper!. ¿Qué le haría el cloro de la alberca? O le quitaría el color o lo encogería al tamaño de un *schnauzer* para la mañana. Suspiro.

Cuando vi que las burbujas de CJ se debilitaban al subir a la superficie, supe que no me quedaba mucho tiempo. Me quejé en voz alta, tiré mis tacones, metí mi reloj en una maseta que estaba cerca y me tiré de pie al agua helada.

Saqué del agua aquella masa canina empapada, la puse en el borde de la alberca y sentí un gran alivio que no fue necesario el CPR canino porque CJ tosió, se sacudió y salió corriendo. Justo cuando me estaba arrastrando por la escalera con mi pobre Kasper luciendo como mi segunda piel sobre mi cuerpo helado, la alarma contra robos de la casa comenzó a chillar a todo volumen.

El alboroto me puso los pelos de punta. ¿Qué pudo haber activado la alarma? Jumm. Y ahora, ¿dónde puse ese control remoto? Oh, no, no, no. Moví la cabeza, sin querer dar crédito a lo que estaba pasando, mientras mis dedos temblorosos tocaban en mi bolsillo no solo el control de la alarma sino también el control de abrir la puerta de mi garaje. Ninguno de los dos a prueba de agua.

Entonces comenzó el teléfono a sonar. Y a sonar. Y a sonar.

Mientras miraba por los alrededores, buscando una toalla cerca de la alberca, caí en cuenta de que era mejor que me apresurara a contestar antes de que la compañía de alarma llamara a la policía y se presentaran en la puerta. Entré a la casa, traté de alcanzar el teléfono, me resbalé sobre las losas de cerámica y aterricé sobre mi trasero en el charco que había formado mi Kasper que chorreaba. Y mientras la alarma seguía chillando y los perros ladrando, me quedé sentada allí en el suelo, tratando de explicarle la absurda situación a la empleada de la compañía de alarmas, que sonaba extremadamente escéptica.

Sentía que mi presión sanguínea subía a niveles de pánico. Anda, Debbie, *¡piensa!* Pero por nada del mundo me acordaba del código para desactivar la alarma, ni tampoco de la contraseña secreta de mi hermana. ¿Será un nombre? ¿El de uno de sus hijos? ¿El de una mascota? ¿El del vigésimo presidente de los Estados Unidos?

Después de intentar, sin resultados, todo lo anterior, comencé a recitar los nombres de todas las cotorras, peces y presidentes muertos que podía recordar. Prácticamente tenía que gritar para poderme escuchar por encima de aquella alarma poseída. Finalmente tuve éxito con el nombre del perro de mi sobrino que estaba muerto hacía años. El horrible sonido cesó con la misma brusquedad de una guillotina.

¡Ah, dulce paz! Silencio. Gracias, Señor. Oh. ¿Me había acordado de orar? No importa. Había solucionado el problema por mí misma. Una sonrisa de autosatisfacción. Risita presumida.

Pero tan pronto colgué el teléfono, la alarma se disparó otra vez. ¡Qué pesadilla! No se quedaba apagada y no podía hacer nada al respecto. El control remoto que se había dañado gracias a mi chapuzón en la alberca seguramente seguía activando el sistema.

O, mucho más probable, Papá Dios estaba llamando mi atención, ¡a toda boca!

Ahora bien, ¿qué se supone que hagamos cuando surgen emergencias y es necesario que tomemos decisiones en un abrir y cerrar de ojos? Y tarde o temprano, nos pasa a todas. Y no siempre pensamos con claridad.

A veces tomamos decisiones desastrosas. Se nos olvida depender del Creador de todo para que nos guíe, y no *confiamos* en que Él, ciertamente, nos guiará. Nuestro estilo de vida de confiar todavía no ha «engranado». Por el contrario, seguimos dependiendo tontamente en nosotras mismas —y en nuestro campo de conocimiento limitado— para tratar de descifrar una solución.

Se supone que la confianza en nuestro Padre Celestial se convierta en parte de nosotras, literalmente. Un estilo de vida. Un sistema de creencia fundamental que esté entretejido en nuestro ser, tanto como el color de nuestros ojos. No algo que tenemos que recordar aplicar para que sea eficaz, como el protector solar, o el pintalabios... o el control remoto de una alarma.

Un buen ejemplo es Pedro en el huerto de Getsemaní, quien se asustó cuando Judas trajo a los soldados para arrestar a Jesús. Pedro todavía no había aprendido a confiar en el Señor con todo su corazón y a *no* depender de su propio entendimiento (ver Proverbios 3.5), así que reaccionó en su típico estilo Deb Coty. Él sacó la espada y cortó una oreja, dijo tres mentiras descaradas y huyó del peligro como un conejo asustado (ver Lucas 22.47–62). Pedro era una persona que deseaba desesperadamente confiar en su Jesús, pero estaba asediado por la debilidad y la duda. ¡Me identifico *tanto* con su personalidad impetuosa, salta-antes-de-mirar, camina-sobre-las-aguas-hasta-que-te-des-cuenta-de-lo-que-estás-haciendo! (ver Mateo 14.28–31).

Pero, a veces —afortunadamente— confiamos en los triunfos y tomamos buenas decisiones. Como este mismo Pedro que luego maduró en su fe hasta el punto que la confianza se convirtió en su segunda naturaleza. Adondequiera que Dios le dirigió, allí fue. Cuando estuvo en prisión, se levantó de un sueño profundo y, sin titubear ni un segundo, siguió a un ángel (¡*no* el visitante usual que esperarías en una cárcel!), le pasó por el lado a los guardias armados y salió a través de los portones cerrados (ver Hechos 12.6–10).

Me consuela saber que el Pedro de «antes» pudo transformarse en el Pedro de «después». Si Pedro pudo aprender a confiar, también puedo hacerlo yo. Solo porque me haya hundido al dar el primer salto de confianza, no significa que no puedo salir a la superficie en el segundo. O en el tercero. O en el ochenta y cinco.

Confianza: una forma muy íntima de la fe. En su forma más pura, no debemos tener que recordar cómo aplicarla en una situación de crisis —debe activarse automáticamente si realmente confiamos en el Señor con todo nuestro corazón y vivimos lo que creemos. Debemos llevar la confianza como una segunda piel (pero no tan mojada y fría como Kasper). Siempre la llevamos puesta y no tenemos que pensar en ella. Crece en nosotros y podemos depender completamente de su protección.

Afortunadamente, Papá Dios sabe que esto es un proceso de aprendizaje para todas nosotras. Él está pacientemente esperando que nuestro nivel de dependencia se ponga al día y que supere a nuestro sentido no-muy-común, mientras damos el salto a la confianza. Aun cuando signifique que ahoguemos algunos aparatos electrónicos en el proceso.

> Sé que Dios no me dará nada que no pueda manejar.
> Solo desearía que Él no confiara tanto en mí.
>
> MADRE TERESA

DES-ESTRESÉMONOS

1. ¿Puedes recordar alguna situación en la que diste un salto de confianza? ¿Te ahogaste o flotaste?

2. ¿Te identificas con la respuesta de pánico de Pedro en el huerto de Getsemaní? ¿O tal vez tu confianza ha madurado hasta la gran escapada de Pedro de la prisión?

3. ¿Dónde crees que se encuentra tu nivel de confianza funcional (no académica) en Dios, en una escala del 1 (bajo) a 10 (alto)? ¿Qué pasos puedes dar para aumentar un nivel de aquí a un mes?

Llegando a «home»
(VIDA DESPUÉS DE ESTA VIDA)

*Estimada es a los ojos de Jehová
la muerte de sus santos.*
SALMO 116.15 RVR1960

Todo fue mi culpa.

Había convencido a Chuck de que regresara a casa para celebrar su cumpleaños el jueves con nuestra familia. Él había estado al lado de su mamá durante dos semanas luego de que le diagnosticaran un cáncer inoperable y la enviaran a un hospicio a tres horas de su casa. Chuck simplemente no se podía perdonar el no haber estado presente cuando su papá murió repentinamente algunos años antes, y prometió estar allí para su mamá.

Con renuencia nerviosa, y solo porque ella parecía estar estable, aceptó manejar a casa tarde el miércoles para una cena pre cumpleaños esa noche con nuestra hija y yerno, y familia extendida. Luego, cuando yo saliera del trabajo el jueves, Chuck y yo regresaríamos a casa de mamá, y compartiríamos con ella un *cupcake* decorado con una vela, en honor al nacimiento de su único hijo. Pero nuestros planes se hicieron trizas como pedazos de vidrio roto.

A las 10:35, el jueves en la mañana, recibí la nefasta llamada de Chuck en mi trabajo: «Mamá se fue». Casi no pude entender las palabras en medio de sus desoladores sollozos. «Murió el día de mi cumpleaños. Y yo no estaba allí».

Inconsolable, Chuck soportó el día más miserable de su vida. Sentía mi corazón hecho pedazos. Solo podía suplicarle a Dios en silencio que de alguna manera consolara a mi esposo, mientras que me sentía destruida por la culpa de haber causado parte de su dolor.

Más tarde aquella noche, rodeados de toda una vida de recuerdos y las pertenencias de sus padres —en una casa demasiado silenciosa—, Chuck y yo nos acurrucamos para ver el cuarto juego de las semifinales de la Liga Americana, entre los Red Sox de Boston y los Rays de Tampa.

Posiblemente te estás preguntando cómo podíamos estar viendo un juego de béisbol en un momento como ese. Y tengo que admitir que yo pensé lo mismo. Pero tienes que entender, que desde que tengo memoria, Chuck y su papá, un bostoniano, eran fanáticos fieles de los Red Sox (hasta le pusimos Fenway a nuestro perro en honor al famoso estadio de béisbol en Boston). No estoy segura cómo es que funciona, pero los lazos de Chuck con su papá están de alguna forma entrelazados con los Sox. Algunos elementos del género masculino exceden la capacidad de compresión de las mujeres. Simplemente les seguimos la corriente.

Así que, en la noche en que Chuck se convirtió en huérfano, nos sentamos allí, a mirar desanimadamente un juego de los Red Sox, y siendo testigos del peor de los escenarios. Los Sox estaban perdiendo la serie 3-1, y les habían dado una tremenda paliza en el juego anterior, que perdieron 9-1. Si los Rays ganaban este juego sería el fin de la temporada para Boston. Tan cerca de la victoria, y a la vez tan lejos.

Los Rays estaban ganando 7-0 en la séptima entrada y ya no podía resistir ver por más tiempo la agonía de Chuck. «Me voy a dormir», anuncié, «y creo que deberías hacer lo mismo. No necesitas más dolor en un mismo día».

«Lo sé». Casi imperceptiblemente, movió la cabeza, con los círculos negros profundizándose en sus ojos agotados. «Pero todavía no puedo dejarlos. Solo faltan unos minutos».

Me arropé y elevé al cielo una oración sincera —como una bola alta volando a los cielos— por mi fragmentado esposo.

Y como el profesional que Él es, Papá Dios la atrapó. Este es el relato de Chuck:

«La gente puede pensar lo que quiera sobre cómo cayeron todas las piezas en su sitio, pero creo de verdad que fue divinamente orquestado por la misericordia y gracia de Dios para tocar las profundidades de mi alma cuando más lo necesitaba. Fue un aliento de vida cuando jadeaba por aire por el peso de la tristeza de perder a mamá.

»Con dos *outs* en la séptima entrada, comenzó una recuperación milagrosa. Bateadores que habían estado comatosos durante todo el juego, resurgieron a la vida. Anotaron cuatro carreras, luego tres más en la octava, y el juego se empató 7 a 7. En la parte baja de la novena entrada, con dos *outs* y corredores en primera y tercera base, una línea pasó volando por encima de la cabeza del jardinero derecho de los Rays. Lágrimas bajaron por mi rostro cuando rodearon al jugador de los Red Sox cuando cruzó el *home plate* y anotó la carrera ganadora.

»No estaba llorando por el tonto juego, sino porque este era un mensaje especial. Supe, sin duda alguna, que mamá también había cruzado el *home plate* de manera segura.

»¿Solo un juego? No para mí. Fue un toque del cielo. Tal vez, solo tal vez, mientras mamá entraba en la presencia del Señor, con el amoroso brazo de Papá sobre sus hombros, Dios le dijo: «¡Bienvenida a casa, mi amada hija! Si necesitas cualquier cosa, no dudes en dejarme saber».

»Y mamá le respondió de inmediato: "Señor, necesito un milagro esta noche en el Fenway. Nuestro hijo nos extraña más de lo que es humanamente posible y queremos enviarle un mensaje especial de que estamos bien".

«Como quieras, hija mía», dijo Dios. «Y así fue».

«¿Dónde está, oh muerte, tu aguijón? ¿Dónde, oh sepulcro, tu victoria? (1 Corintios 15.55 RVR1960).

La vida eterna es el postre en el buffet de la fe. Caminar de la mano de nuestro Padre celestial durante nuestros días limitados en la tierra es suficientemente maravilloso, pero la promesa de estar en Su presencia para siempre, es casi incomprensible.

Una alegría mayor que la que hayamos conocido jamás. Paz incomparable. No tristezas, lágrimas ni dolor. ¿A quién no le gustaría esperar un inicio como este cuando nuestro tiempo en la tierra esté por terminar?

Mi querida hermana, si todavía no has dado el paso de aceptar a Jesucristo como tu Señor y Salvador, *por favor* considera hacerlo ahora. Es la decisión más importante que jamás podrás hacer. Reserva tu espacio en el cielo y comienza tu jornada de fe increíble justo en este minuto. Es tan sencillo como el ABC.

A: Admitir que hemos cometido errores, que nuestros corazones están sucios, manchados, impuros. Muchas de nosotras no podemos soportar vivir en una casa sucia, pero vivimos con corazones sucios. A primera vista, nuestro corazón puede lucir razonablemente limpio, pero el Dios que conoce todas las cosas, ve las orillas sucias, debajo de la nevera, los closets bajo llave donde escondemos nuestra envidia, orgullo, espíritus críticos.

Todas necesitamos una limpieza de primavera en el alma.

> *Todos hemos pecado, y por eso estamos lejos de Dios. Pero él nos ama mucho, y nos declara inocentes sin pedirnos nada a cambio. Por medio de Jesús, nos ha librado del castigo que merecían nuestros pecados.*
>
> Romanos 3.23–24 TLA

Si, *todas* hemos pecado. ¿Sabes? En estos días y tiempo, cuando todo se acepta, es difícil saber qué es pecado. Pecar significa «errar al blanco». El «blanco» es la versión perfecta de ti, lo mejor que puedes ser, usando todo lo que hay en ti. Pero todo lo que hay en ti no es suficiente. ¿Qué ocurre cuando erras al blanco? Pecado. Y esos pecados se acumulan y ensucian nuestros corazones. ¿Cómo nos deshacemos de ellos? ¿Cómo limpiamos nuestras almas?

B: Buscando entender y creer que Jesús murió por nuestros pecados y se levantó de la tumba.

> *Ustedes estaban muertos a causa de sus pecados y porque aún*
> *no les habían quitado la naturaleza pecaminosa. Entonces Dios*
> *les dio vida con Cristo al perdonar todos nuestros pecados. Él*
> *anuló el acta con los cargos que había contra nosotros y la elimi-*
> *nó clavándola en la cruz.*
>
> Colosenses 2.13–14 (NTV)

Dios envió a Su único Hijo, la única persona perfecta que ha vivido jamás, para morir en nuestro lugar. Alguien tenía que pagar el precio por nosotras no haber dado la talla, por haber errado el blanco. Jesús, voluntariamente, aceptó nuestro pago y luego se levantó otra vez de entre los muertos, victorioso sobre la muerte para siempre, para que todos los que creamos en él compartamos la vida eterna.

C: Comprometer nuestra vida a Él. Y no estoy hablando de religión. Se trata de relación. «Si confiesas con tu boca que Jesús es el Señor y crees en tu corazón que Dios lo levantó de los muertos, serás salvo» (Romanos 10.9 NTV). Cuando le entregamos al Señor el control de nuestras vidas, la vida eterna es nuestra. No solo la promesa del cielo cuando muramos, sino la gloriosa oportunidad de vivir nuestras vidas caminando íntimamente junto a nuestro Abba Padre, nuestro Papá Dios, *hoy*.

Dios derrama vida sobre la muerte y muerte
sobre la vida sin que desperdicie ni una gota.

AUTOR DESCONOCIDO

DES-ESTRESÉMONOS

1. ¿Cuándo diste el paso de aceptar a Cristo como tu Señor y Salvador? ¿Cuándo niña? ¿Adolescente? ¿Ya de adulta? ¿Justo ahora?

2. ¿No te parece que la paz que sentimos es maravillosa cuando reflexionamos en el precioso regalo de la vida eterna en la presencia de Aquel que nos ama más que a la vida misma?

3. Toma un momento y eleva tu canción o poesía de gratitud a tu Señor por todo lo que Él te ha dado.

Mantén la fe, baby
(Dependencia de Dios)

*No se preocupen por nada; en cambio,
oren por todo. Díganle a Dios lo que
necesitan y denle gracias por todo lo
que él ha hecho. Así experimentarán
la paz de Dios, que supera todo lo
que podemos entender. La paz de
Dios cuidará su corazón y su mente
mientras vivan en Cristo Jesús.*

Filipenses 4.6–7 ntv

Cuando yo era pequeña, para Acción de Gracias, mi familia se
amontonaba en nuestra camioneta Plymouth y recorríamos el largo
viaje a casa de mi abuela al norte de Georgia. Mi hermana y yo nos
sentábamos en el asiento trasero, y pasamos el viaje riéndonos, cantando
y disfrutando la travesía, con la absoluta confianza de que Papá nos
llevaría a salvo a nuestro destino.

No nos preocupábamos. No nos inquietábamos. No pensábamos en
los ¿qué tal si...?: ¿qué tal si se revienta un neumático? ¿Qué tal si alguien
nos choca? ¿Qué tal si nos topamos con un huracán y convierte nuestro
auto en un *frisbee* gigante?

Teníamos paz porque confiábamos en nuestro padre y sabíamos que
estábamos a salvo en sus manos.

De igual manera, Papá Dios es nuestro Padre celestial y podemos
confiar que Él nos llevará seguras adondequiera que debamos ir. No
necesitamos preocuparnos, inquietarnos ni temer a los ¿qué tal si?

Pero, como mujeres adultas, los ¿qué tal si? con frecuencia roban nuestra paz y añaden estrés a nuestra agitación emocional. ¿Qué tal si pierdo mi trabajo? ¿Qué tal si alguien descubre mi secreto? ¿Qué tal si el grupo de mujeres del que quiero formar parte no me acepta? ¿Qué tal si no soy lo suficiente buena? ¿Qué tal si mis hijos crecen y se convierten en asesinos en serie porque fui una madre terrible?

Tenemos que recordarnos que los ¿qué tal si? no son reales. Ese es Satanás metiendo sus dedos sucios y podridos en nuestros corazones y mentes para robarnos la paz que Papá Dios promete si dependemos de Él como nuestro *Abba* (forma íntima en hebreo de «padre»). Recuerda, no podemos controlar nuestras circunstancias, pero *sí* podemos controlar nuestras respuestas a esas circunstancias.

Echemos un vistazo a algunos maravillosos modelos bíblicos de aquellos que mantuvieron su fe a pesar de las terribles circunstancias que para nada lucían justas.

Job perdió a sus diez hijos, todas sus posesiones materiales y quedó cubierto con sarna de pies a cabeza. Todo lo que le quedaba era su esposa amargada. Y la Sra. Job perdió de vista todo lo que Dios había hecho y se enfocó en lo que Él no había hecho. A pesar de que le rogó a su esposo «maldice a Dios, y muérete» (Job 2.9 rvr1960), Job no lo hizo.

¿Su respuesta? «Yo *sé* que mi Redentor vive» (Job 19.25, énfasis añadido).

Cuando joven, José fue traicionado por sus hermanos celosos y vendido como esclavo en una tierra extranjera. Él decidió seguir a Dios a pesar de que todo parecía ir mal. Trabajó durante años para ganarse la confianza de su amo y se convirtió en jefe de los esclavos de la casa. Entonces, la esposa lujuriosa del amo de José lo acusó falsamente de un intento de violación. José terminó dos años en la cárcel, donde trabajó hasta convertirse en siervo del capitán de la guardia, solo para ser olvidado por el empleado del palacio al que él ayudó para que saliera de la cárcel.

Pero José se mantuvo firme en su creencia de que Dios tenía un plan para su vida. ¡Y qué maravillosa sorpresa le tenía reservada! (Lee Génesis 45).

Ana no solo tenía que compartir a su esposo con otra mujer, sino que también era estéril —una desgracia pública en su tiempo. Durante muchos años, soportó el acoso de «la otra mujer», quien le causaba lágrimas constantes y, sin duda, depresión. Pero ella continuó orando hasta que Dios, misericordiosamente, la bendijo con el deseo de su corazón: un bebé varón. El hijo de Ana creció hasta convertirse en el poderoso profeta Samuel (ver 1 Samuel 1).

Y ciertamente, no queremos olvidarnos de nuestro ejemplo más importante: Jesucristo. Jesús no es solo nuestro Mesías, Príncipe de paz y Salvador; Él es un ejemplo de un ser humano que enfrentó adversidad real, de la que golpea el corazón; nuestro «Dios es un cuerpo».

Justo después de que Jesús les aseguró a Sus discípulos que, aunque Su muerte era inminente, Él no los abandonaría, sino que estaría siempre con ellos a través de consuelo y la guía del Espíritu Santo, Él les da el mejor regalo de despedida que jamás haya existido: «Les dejo un regalo: paz en la mente y en el corazón. Y la paz que yo doy es un regalo que el mundo no puede dar. Así que no se angustien ni tengan miedo» (Juan 14.27 NTV).

¿Viste eso? Hay distintas clases de paz; no todas fueron creadas iguales. La paz del mundo se basa en la ausencia de conflicto; la paz de Dios viene en medio del conflicto. Así que *no tenemos* que angustiarnos ni tener miedo. ¿Me permites compartir contigo un acrónimo para PAZ? [PEACE, en inglés]. Es fácil de recordar y muy útil cuando tus manos están halando los últimos pelos en tu cabeza y están listas para arrancarlos.

P: *Placing* [Colocando]

E: *Each* [Cada]

A: *Aggravation at* [Problema a los]

C: *Christ's feet...* [Pies de Cristo]

E: *Expectantly!* [¡Con expectativa!]

Si no buscamos la ayuda de Papá Dios, si nos mantenemos enfocadas en nuestras circunstancias, eventualmente caeremos en desesperanza y desesperación. Perderemos nuestro sentido de propósito y ya no veremos esperanza en el horizonte. «Donde no hay visión, el pueblo se extravía» (Proverbios 29.18 NVI).

Y, como sabe toda madre, la depresión y el desaliento son contagiosos. Y hay unos ojitos impresionables siempre observando.

¿Sabías que, según estudios científicos, la depresión afecta a niños tan pequeños como de tres años? De hecho, dos por ciento de los preescolares en los Estados Unidos —estamos hablando aproximadamente de 160,000 niños— experimenta algún tipo de depresión. Encuentro esa estadística terrible.

Pero supongo que no es de extrañarse con padres como la mujer que fue arrestada por pasarse una luz roja, con su hijita de dieciséis meses, brincando suelta de un lado para otro en el asiento trasero mientras que su caja de veinticuatro latas de cerveza estaba amarrada seguramente con el cinturón de seguridad. ¡Asombroso!

Amiga, nuestro Creador está esperando con un salvavidas, mientras nosotras pataleamos en la alberca de estrés de la vida diaria. Ese anillo flotante que tiene el propósito de mantener nuestras cabezas fuera del agua es la paz inexplicable y abundante de nuestro Padre. «La paz les dejo; mi paz les doy. Yo no se la doy a ustedes como la da el mundo. No se angustien ni se acobarden» (Juan 14.27 NVI).

La paz no es algo con lo que simplemente nos tropezamos porque el cielo es azul y los pajaritos están cantando. La verdadera paz —la paz bíblica— no se alcanza siendo pasivas; no es algo por lo que oramos casualmente y luego aparece allí como un manojo de fideos de *linguini* secos esperando por la olla santa para que hiervan y nos engorden.

¡No! Es un proceso activo, dinámico y cambiante. La paz se alcanza entregándole intencionalmente a nuestro Padre celestial nuestras molestias, dilemas y cargas diarias, una por una, minuto a minuto. Entregando el volante. Abriendo esa camioneta de confianza y entrando en ella. Tomando la decisión de relajarnos en el asiento trasero y disfrutar la jornada, y dejar que Papá maneje.

> Fe es dar el primer paso aun cuando
> no vemos toda la escalera.
>
> MARTIN LUTHER KING, JR.

DES-ESTRESÉMONOS

1. ¿Te sientes alguna vez asediada por los «qué tal si»?

2. ¿Te resulta difícil entregar el asiento de conductora de tu vida y pasarte al asiento trasero? ¿Por qué crees que te sientes así?

3. ¿Crees que la paz de Dios es ilusoria? Revisa el acrónimo para PAZ (peace) en este capítulo. Espero que lo encuentres tan útil como yo para des-estresarte cuando lleguen las situaciones frustrantes.

Reconocimientos

Estoy sinceramente agradecida por la invaluable ayuda de personas encantadoras que me ayudaron a hacer realidad, en este libro, un gran sueño de mi corazón:

Kelly McIntosh, mi dulce y siempre alentadora editora en Barbour Publishing, quien se ha convertido en una amiga muy querida. Eternas gracias por compartir mi visión.

Greg Johnston de WordServe, mi extraordinario agente literario; mi propio Gedeón.

Chuck Coty, no solo eres mi sufrido esposo, sino también mi principal animador, mi columna emocional, mi fuente de conocimiento bíblico e investigador paciente de las Escrituras. ¡Eres realmente la masa de mi dona (cubierta de chocolate y *sprinkles*)!

Amie Carns, DPT, mi cariñosa y conocedora amiga físico terapista.

A las muchas amistades y familiares que abrieron sus vidas y compartieron sus historias sobre cómo, a pesar de todo, son demasiado bendecidas para permanecer estresadas (por favor perdónenme si accidentalmente se me queda alguien): Marianne y Sam Cali, Debbie y Rich Cali, Tammy y Scott Hutchison, Tina B, Cindy K., Esther H., Jan McRae, Ruth Ellinger, Kim Rate, Mary Aycrigg, Laura Field, Dianne Mullins, Morgynne Northe, Cindy y Jim Hardee, Mama y Daddy (Adele and Frank Mitchell), Cricket y Josh, Matthew Codfish, y mi querida suegra, ya fallecida, Jane Ann Coty.

Sobre todo, doy todo el crédito y adoración a Papá Dios, quien es más que capaz de hacer «muchísimo más que todo lo que podamos imaginarnos o pedir» (Efesios 3.20 NVI).

Conoce a la autora

A Deb le encantaría charlar un rato contigo y compartir con tu iglesia o grupo de mujeres. Puedes ponerte en contacto con ella en su website: www.DeboraCoty.com. Asegúrate de pedirla como amiga en Facebook y Twitter, y dialogar con ella a través de su blog personal en www.DeboraCoty.blogspot.com.

Otros libros de Debby (en inglés):
More Beauty, Less Beast: Transforming Your Inner Ogre
Mom NEEDS Chocolate
Everyday Hope
Prayers for Daughters
The Distant Shore
Billowing Sails